Couverture Inférieure manquante

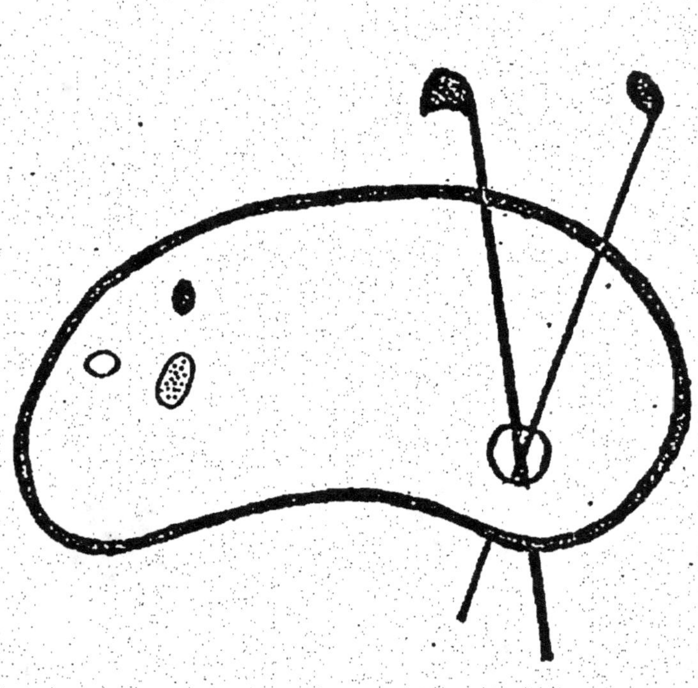

DEBUT D'UNE SERIE DE DOCUMENTS
EN COULEUR

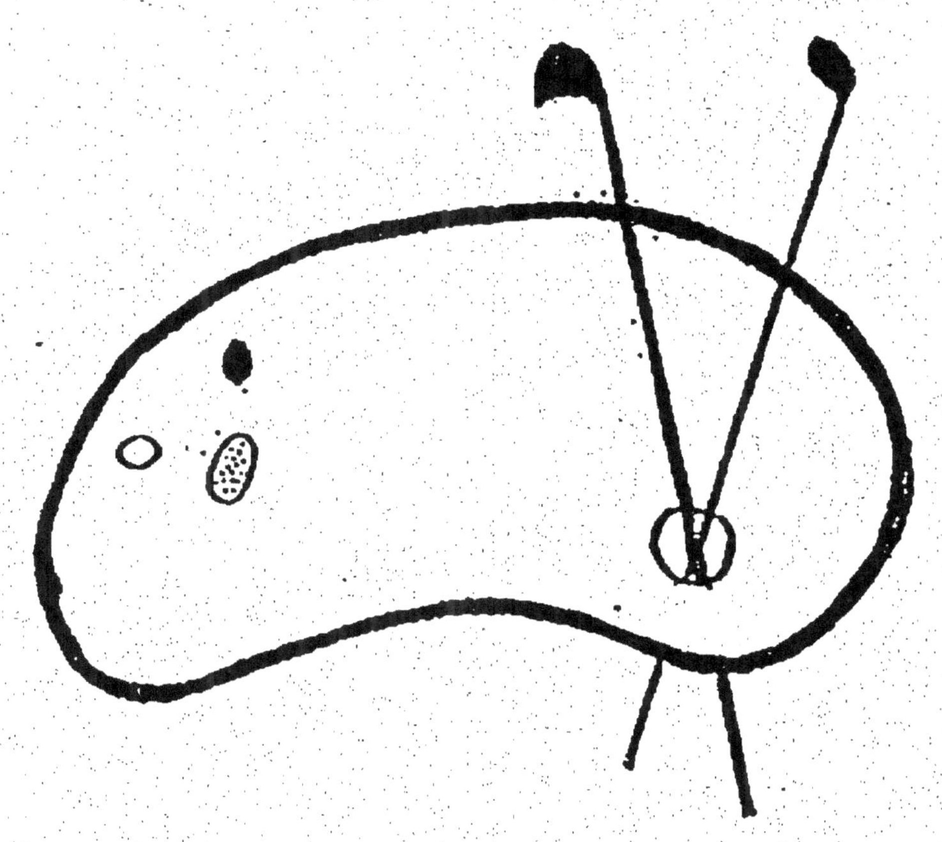

FIN D'UNE SERIE DE DOCUMENTS
EN COULEUR

ÉCOLE ROYALE DES CHARTES.

SÉANCE D'INAUGURATION.

(5 mai 1847.)

M. le Ministre de l'instruction publique a présidé, le mercredi 5 mai 1847, la séance d'inauguration de l'Ecole des chartes, reconstiuée par l'ordonnance du Roi en date du 31 décembre 1846. Cette séance a eu lieu dans le local nouveau et définitif qui lui a été attribué par l'ordonnance, aux Archives du royaume. S. E. M. l'ambassadeur de Sardaigne, un grand nombre de membres de l'Institut, de savants, d'hommes de lettres, d'anciens élèves de l'Ecole des chartes, des membres du Conseil royal de l'Université, quelques membres de la chambre des députés, remplissaient l'enceinte de la salle destinée aux cours.

M. le Ministre occupait le bureau, assisté de M. Pardessus, président du conseil de perfectionnement, et de M. Letronne, directeur de l'Ecole. M. le directeur a ouvert la séance par un discours destiné à retracer l'histoire de l'Ecole des chartes depuis sa fondation, à constater les résultats brillants déjà obtenus, et à signaler ceux qu'on doit attendre de sa nouvelle organisation. Ce discours a été écouté avec un vif intérêt, et interrompu fréquemment par les applaudissements de l'assemblée. Il était ainsi conçu :

Messieurs,

Ce fut une patriotique pensée que celle qui a présidé à la formation d'une *Ecole des chartes*, exclusivement consacrée à l'étude approfondie de tous les monuments originaux de notre histoire.

Dans les deux derniers siècles, cette étude avait été florissante dans toutes ses branches, grâce au zèle et aux lumières des Sainte-Palaye, des Baluze, des du Cange, des Foncemagne, des Bréquigny, grâce surtout à la congrégation des bénédictins de Saint-Maur.

Les ressources dont elle disposait, l'avantage de posséder une foule d'hommes habiles, modestes, sans ambition ni prétentions personnelles, chez qui l'étude était un besoin en même temps qu'un devoir et un bonheur, lui avaient permis de concevoir et d'exécuter ces grandes collections, véritables prodiges d'un travail opiniâtre et intelligent.

Emporté dans le cours impétueux de la révolution, elle n'avait laissé personne pour continuer ses œuvres, jusqu'à ce que l'Institut, recueillant dans son sein deux de ses glorieux débris, dom Poirier et dom Brial, pût reprendre plusieurs des grands travaux qui étaient restés imparfaits. Le zèle et le savoir des Laporte, des du Theil, des Pastoret et des Daunou, remplirent une partie du vide immense qu'avait laissé la suppression de la congrégation de Saint-Maur.

Mais, réduits à leurs propres efforts, ils ne purent donner à leurs travaux ni l'étendue, ni la rapidité qu'il eût été désirable d'obtenir. L'honneur d'avoir eu le premier la pensée de remplir au moins une partie de ce vide regrettable, appartient à Napoléon. Ce vaste esprit, ce génie organisateur, qui embrassait tous les détails de l'administration comme ceux de la guerre, et qui a jeté les fondements de tant d'institutions utiles et fécondes, avait pensé, dès 1807, à créer, ce sont ses expressions, des *bénédictins civils réunis dans une espèce de Port-Royal laïc :* il voulait que des jeunes gens, voués par goût aux études historiques, pussent y venir apprendre, sous des hommes expérimentés en ce genre d'études, à déchiffrer les chartes et les manuscrits du moyen âge, enfouis en si grand nombre dans la poussière des bibliothèques et des archives. Ce fut un membre de l'Institut, M. de Gérando, alors secrétaire général du ministère de l'intérieur, qui dressa le plan de cet établissement nouveau ; malheureusement les circonstances détournèrent l'attention de l'empereur sur des affaires bien plus graves, et l'empêchèrent de donner suite à cette pensée, que les malheurs des temps firent abandonner jusqu'en 1821.

Alors un ministre éclairé, M. Siméon, la reprit, et fit rendre une ordonnance portant création d'une *Ecole royale des chartes* destinée, disait le rapport, « à ranimer le goût d'études indis- « pensables à la gloire de la France, et à fournir à l'Académie « royale des inscriptions et belles-lettres, les moyens nécessaires « pour l'avancement des travaux confiés à ses soins. » Cette Ecole devait recevoir *douze élèves pensionnaires*. L'enseignement, « borné « à la lecture des manuscrits et à l'application des différents dia- « lectes français, » était confié à deux professeurs, qui devaient faire leurs cours, l'un aux Archives du royaume, l'autre à la Bibliothèque royale, seuls établissements où les élèves pussent trouver les documents nécessaires à leurs études. Mais l'ordonnance était si incomplète, pour ne pas dire si vicieuse, et l'autorité se montra si indifférente à l'égard des améliorations les plus indispensables, qu'après deux ans d'exercice, les cours furent abandonnés, et que l'institution elle-même tomba en désuétude. C'est là un résultat qu'on ne saurait trop regretter, quand on songe aux hommes distingués qui sont sortis de cette première Ecole, dont l'existence fut de si courte durée.

Ce ne fut que sept ans après, en 1829, qu'on songea enfin à relever cette école délaissée, en l'établissant sur des bases moins restreintes. L'ordonnance du 11 novembre de cette année contient des dispositions excellentes et des améliorations incontestables. L'enseignement doit comprendre deux années. Il n'est plus borné à la simple lecture des textes; il s'étend à la critique des documents. On s'y préoccupe enfin des moyens d'employer les talents et de fixer le sort des élèves munis du brevet d'archiviste. Ils ont droit à la moitié des places qui viendront à vaquer aux Archives du royaume et dans les bibliothèques. On les charge de diverses publications, sous la surveillance d'une commission tirée de l'Institut, qui remplit auprès de l'Ecole des fonctions analogues à celles d'un conseil de perfectionnement.

Quoique très-imparfaite, cette ordonnance de 1829 a rendu de très-grands services qu'il serait injuste de méconnaître. Sauf quelques modifications qu'on y a introduites depuis 1830 (et qui n'ont pas été toutes heureuses), cette ordonnance est restée, dans ses dispositions principales, la charte constitutionnelle de l'Ecole pendant ce laps de dix-sept années.

J'ai hâte d'arriver à l'ordonnance du 31 décembre qui vient de reconstituer l'Ecole sur des bases en partie nouvelles. En exposer brièvement le caractère et l'utilité, ce sera faire ressortir ce qui manquait à celles qui l'ont précédée.

Depuis plusieurs années on sentait la nécessité d'améliorer le régime et l'enseignement de l'Ecole. Ces améliorations viennent enfin d'être opérées par un Ministre dont je n'hésite pas, même en sa présence, à louer les vues élevées, l'amour du bien, le zèle pour le progrès, et cette décision d'esprit nécessaire pour vaincre les obstacles qui partout s'y opposent.

Pour éviter les longueurs, je me bornerai à signaler ici, dans l'ordonnance nouvelle, trois *dispositions fondamentales*, qui s'enchaînent et se tiennent intimement.

1° La translation et l'installation de l'Ecole dans le palais des Archives du royaume ;

2° L'extension et la coordination de l'enseignement ;

3° L'augmentation des chances d'emplois pour les élèves archivistes.

On peut dire, en premier lieu, que jusqu'ici l'Ecole des chartes n'avait pas été logée. Divisée d'abord entre les Archives du royaume et la Bibliothèque royale, elle avait reçu une hospitalité précaire dans l'un et l'autre établissement, où une salle unique fut mise à sa disposition ; depuis 1830, transportée entièrement à la Bibliothèque royale, elle resta limitée dans un local insuffisant, incommode et d'un abord difficile.

Maintenant, vous le voyez, grâce à la bienveillante coopération de MM. les Ministres de l'intérieur et des travaux publics, il a été possible au moyen de quelques dispositions heureuses, et sans nuire au service des Archives du royaume, de disposer dans ce palais splendide un local modeste, mais convenable, suffisamment étendu et parfaitement isolé ; toutes conditions qu'il était indispensable de réunir. L'Ecole y va trouver un amphithéâtre pour les cours, une salle pour l'étude ; une autre pour les réunions du conseil et les examens, ainsi que les dépendances dont elle peut avoir besoin ; elle pourra y placer sa propre bibliothèque, ainsi que les collections indispensables à son enseignement.

La facilité des abords permet à présent de rendre les cours *publics,* c'est-à-dire d'y admettre, outre les élèves inscrits et obligés, toutes les personnes que leur goût porte vers les études historiques, et dont ces cours pourront décider la vocation littéraire.

Voilà donc enfin l'Ecole en possession de ce qui lui avait manqué jusqu'ici, de ce qui était pour elle la condition nécessaire, d'une existence durable. C'est à dater d'aujourd'hui seulement qu'il devient possible de réaliser la plupart des améliorations jugées depuis longtemps indispensables, en ce qui touche l'extension et la régularité de l'enseignement.

J'ai dit que cet enseignement avait d'abord été borné à une seule année, puis étendu à deux années ; des deux savants professeurs (1) à qui il fut confié, l'un (2) ne faisait son cours que tous les deux ans : disposition bizarre, peu favorable à des études régulières et complètes. Mais heureusement que le mérite de ce professeur a pu compenser le vice de l'institution et suppléer à l'insuffisance de l'enseignement par des conseils toujours puissants sur la jeunesse, quand ils émanent d'une autorité reconnue et respectée.

Par la nouvelle ordonnance, les études de l'Ecole sont étendues à trois années, graduées de manière que l'enseignement de chaque année s'appuie sur celui de la précédente, embrassant toutes les trois dans leur ensemble le cercle des connaissances propres à former un parfait archiviste.

Je n'ai pas besoin de vous en faire ici l'énumération, puisque

____

(1) MM. Champollion Figeac et Guérard.
(2) M. Guérard.

chacun de vous peut la trouver dans le programme des cours
qui est maintenant sous vos yeux (1).

Or, telle est la variété et l'étendue de ces études, que, bien que
tout archiviste, digne de ce nom, ne doive rester étranger à aucune d'elles, elles avaient cependant besoin, pour être convenablement enseignées, d'être l'objet d'une préparation approfondie.
C'est pourquoi l'enseignement de chaque année a été confié à un
professeur spécial que seconde un répétiteur chargé de le suppléer
sur les points qu'il n'aurait pas le temps de développer ou même
d'exposer.

Cet enseignement, comme vous pouvez le voir, forme une sorte
d'*encyclopédie* de l'histoire de France, qui pourtant ne comprend
rien de superflu ou d'inutile à son objet. Quiconque, suffisamment
préparé par de bonnes études, l'aura suivi avec zèle, intelligence
et assiduité, sortira de l'Ecole muni de connaissances solides et
parfaitement coordonnées.

---

(1) Ce programme, affiché dans la salle, est ainsi conçu :

PREMIÈRE ANNÉE.

1. Lecture et déchiffrement des écritures de divers siècles, abrévia-
tions ; formules ; caractères extrinsèques des chartes et des manuscrits.
2. Légendes et types des sceaux et des monnaies.
3. Etude du latin du moyen âge ; de la langue vulgaire dans ses prin-
cipaux dialectes du Nord et du Midi ; formation de la langue nationale.

DEUXIÈME ANNÉE.

1. Monuments écrits considérés dans leurs diverses espèces, leurs
caractères intrinsèques, leur authenticité et leurs rapports avec l'histoire et les usages du temps.
2. Classement des archives et des bibliothèques publiques.

TROISIÈME ANNÉE.

1. Géographie politique, ecclésiastique et civile ; divisions et subdi-
visions du territoire.
2. Système des monnaies, poids et mesures.
3. Histoire des institutions politiques de la France au moyen âge.
4. Archéologie et art du moyen âge, sigillographie, blason.
5. Eléments du droit civil, du droit canonique et du droit féodal.

Mais ce n'est pas tout que d'installer convenablement l'Ecole des chartes, d'en étendre et d'en régler les études, il fallait encore fournir la perspective d'une carrière à ceux qui veulent les suivre et s'y consacrer. C'est là un point essentiel, qui a toujours été, il faut le dire, la partie faible de l'institution. Il peut être bon de refaire des *bénédictins;* mais, dans ce temps-ci, il faut penser à leur donner de quoi vivre. Quand on réussirait à inculquer aux élèves d'une Ecole des chartes l'érudition de ces vénérables religieux, on ne ferait toujours que des *demi-bénédictins,* puisqu'il leur manquerait, non-seulement les vœux et le monastère, mais encore les ressources à l'aide desquelles l'ordre pourvoyait jadis à tous les besoins de ces hommes studieux, dégagés des affaires de ce monde.

Nos *bénédictins,* à nous, sont *civils,* comme disait Napoléon, ce sont des citoyens liés à la société et à la famille. Or, plusieurs, peut-être la plupart de nos élèves, naissent sans fortune, et quelquefois ce sont les plus distingués; car il arrive trop souvent, on le sait, que les fils de parents riches ne veulent rien faire et que ceux qui veulent faire en sont empêchés par la situation de leur famille. Donc, nos jeunes gens, à la sortie des laborieuses études de l'Ecole, peuvent se trouver sans ressources suffisantes. Les autres Ecoles spéciales mènent à une carrière dont l'étendue se mesure dès qu'on y entre; on aperçoit dès lors qu'elle conduit, de grade en grade, jusqu'à une position élevée, qu'on n'atteindra peut-être jamais, mais enfin qu'on peut atteindre un jour, et l'espérance suffit pour soutenir le courage. Jusqu'ici une telle carrière, fixe et déterminée, n'a pu être offerte aux élèves de l'Ecole des chartes.

Il a donc fallu leur chercher divers emplois qui pussent offrir aux uns une perspective d'avancement dans un ordre hiérarchique de fonctions, et fournir aux autres des travaux temporaires qui leur permettent de se distinguer, de vivre honorablement, en attendant qu'ils aient trouvé une situation fixe.

Dans l'ordonnance de 1829, on avait tâché d'y pourvoir, en leur donnant entrée dans les bibliothèques publiques et les archives du royaume, selon une proportion qui, par malheur, n'a point été bien exactement observée. La nouvelle ordonnance, en consacrant ces mêmes droits qui, nous en avons la confiance, seront à l'avenir mieux respectés, y en ajoute d'autres qui agrandissent de beaucoup le cercle des emplois et des travaux auxquels les archivistes auront un droit reconnu. Telles sont à présent les places de professeurs et de répétiteurs de l'Ecole ; celles d'archivistes des départements et de bibliothécaires des villes ; les fonctions d'auxiliaires pour les grands corps d'ouvrages publiés par l'Académie des inscriptions et belles-lettres ; enfin, ils vont être chargés de la publication des documents inédits de l'Histoire de France.

Ce sont là, Messieurs, les nouveaux moyens que l'ordonnance du 31 décembre fournit aux élèves de l'Ecole de rendre leurs talents utiles pour leur pays et pour eux-mêmes. Ils permettront de n'en laisser aucun sans emploi, soit actuellement, soit plus tard.

Et, en faveur de ceux qui ne pourraient pas obtenir un emploi immédiat, elle contient une disposition où vous reconnaîtrez cette prévoyance bienveillante pour les personnes, qui distingue tous les actes du ministre signataire de cette ordonnance. Tout élève, en recevant son diplôme d'archiviste, jouira en même temps d'une pension de 600 fr. tant qu'il n'aura pas trouvé d'emploi.

Ce peu de détails suffisent, Messieurs, pour vous faire apprécier le but et la portée de cet acte qui, je le répète, constitue l'Ecole sur des bases solides et durables.

Maintenant, si l'on demande quel résultat il est permis d'attendre de cette organisation nouvelle ; pour répondre à cette question, il suffira de rappeler en peu de mots ce qu'a produit l'ancienne Ecole, malgré sa constitution défectueuse.

Depuis son origine jusqu'en 1841, le nombre des élèves pensionnaires, admis dans cette école, a été de cinquante-quatre seulement. Douze de ces élèves appartiennent à la première Ecole de 1820 à 1822. Sur ce nombre, six ont renoncé à la carrière paléographique ; mais, restés fidèles aux études sérieuses, ils ont su conquérir une position honorable et une réputation incontestée : l'un, membre de l'Institut, s'est placé au premier rang des orientalistes de l'Europe (1); le deuxième est professeur à l'Ecole des langues orientales vivantes(2); le troisième est mort professeur de géographie à la Faculté des lettres (3); le quatrième est curé d'une paroisse de Paris, après avoir été professeur à la Faculté de théologie (4); le cinquième est arrivé par son instruction et son mérite à la place de bibliothécaire de l'Institut (5), le sixième, bibliothécaire de la ville, est un littérateur exercé, connu par d'excellents articles de critique (6).

Des six autres, l'un, que tous reconnaissent pour leur maître, est membre de l'Institut, et professeur de l'Ecole depuis 1831 (7); un deuxième vient d'être nommé professeur dans cette même Ecole (8); deux ont obtenu le grand prix Gobert, décerné par l'Institut (9); des deux derniers, l'un, qui a remporté deux prix à l'Institut, est auteur de nombreux ouvrages historiques (10); l'autre de divers mémoires et d'un ouvrage important encore inédit (11).

N'ai-je pas eu raison de regretter plus haut que cette première Ecole, après de tels résultats, fût tombée en désuétude pour ne se relever qu'après un intervalle de sept ans?

Par un bonheur singulier, elle n'avait attiré, presque sans exception, que de ces esprits d'élite, ordinairement si rares.

La nouvelle Ecole, entre 1831 et 1841, n'a reçu que quarante-

---

(1) M. Eugène Burnouf.
(2) M. Le Vaillant de Florival.
(3) M. Alex.-Barbier du Boccage.
(4) M. l'abbé Faudet.
(5) M. Landresse.
(6) M. Rolle.
(7) M. Guérard.
(8) M. Lacabane.
(9) M. Floquet (*Histoire du parlement de Normandie*); M. de Péligny (*Institutions mérovingiennes*).
(10) M. Capefigue.
(11) M. Alexandre Le Noble.

deux pensionnaires, dont plus de la moitié se sont distingués par des écrits également relatifs, sans exception, à notre histoire nationale, et dont le mérite est attesté par les récompenses que l'Institut leur a décernées.

L'énumération seule de ces écrits m'entraînerait beaucoup trop loin; qu'il me suffise, pour faire apprécier le mérite de leurs auteurs, de rapporter que deux d'entre eux ont obtenu des prix à l'Institut (1); un d'eux a mérité de partager un accessit (2); onze ont obtenu des médailles (3) ; six autres ont publié des ouvrages qui prendront un rang distingué dans la science (4); sept sont archivistes ou attachés aux publications historiques du ministère de l'Instruction publique (5), neuf autres enfin ont publié, dans le recueil intitulé *Bibliothèque de l'Ecole des chartes*, d'excellents mémoires, aussi remarquables par la justesse des vues que par l'exactitude et la profondeur des recherches (6).

---

(1) M. Guessard, prix à l'Académie française pour son *Recueil des locutions de Molière*, et médaille à l'Académie des inscriptions pour l'*Histoire de la maison de Mornay*; M. de Mas-Latrie, prix à l'Académie des inscriptions pour l'*Histoire de Chypre*.

(2) M. de Rozière, pour le concours sur l'*Histoire de Chypre*.

(3) MM. Géraud, éditeur de la *Chronique de Nangis*, pour son *Mémoire sur la reine Ingeburge*; Teulet, *Œuvres d'Eginard*; Marchegay, *Cartulaires de l'Anjou*; Bourquelot, *Histoire de Provins*; Vallet de Viriville, *Archives de Troyes*; Paillart, *Mémoires sur les invasions des Normands*; Le Roux de Lincy, *Histoire de l'hôtel de ville de Paris*; Bernhard, *Ancienne musique de la chambre des rois de France*; Ludovic Lalanne, *Pèlerinages en Terre-Sainte avant les croisades*; Delpit, *Mém. sur les sources historiques de l'Histoire municipale d'Amiens*; Duchalais, *description des médailles gauloises de la Bibliothèque royale*.

(4) MM. Fallot, *Recherches sur la formation de la langue française*; J. Quicherat, *Procès de Jeanne-d'Arc*; de Montrond, *Histoire d'Etampes*; Thomassy, *Œuvres de Christine de Pisan*; Edouard Le Glay, *Histoire des comtes de Flandre, Raoul de Cambray*; F. Wey, *Du style et de la composition*; Boca, *Baudouin de Sebourg*, etc.

(5) MM. Aubineau, Borel, Guigniard, Hugot, Laget, Rédet, De Stadler.

(6) MM. Douet d'Arcq, Barthelemy, Demante, de Montrond, Salmon, de Fréville, Eysenbach, Dareste, Janin, sur *divers points* de l'histoire de France; Bordier, sur *le droit coutumier*; Marion, sur l'*archéologie monumentale*; Bataillard, sur l'*histoire des Bohémiens*; Deloye, *sur les chartes lapidaires*.

Au milieu de la diversité de mérite qui naît de celle des esprits, on reconnaît, dans tous ces ouvrages, la clarté, l'ordre, la convenance du style au sujet, qualités modestes, médiocrement prisées de la foule, mais au plus haut point estimées des connaisseurs; car ce sont les qualités propres à l'esprit français, que l'invasion du germanisme menaçait en vain, il y a quelques années, d'oblitérer et de détruire. Mais non! le bon sens, ce roi du monde, conservera toujours en France le trône que lui ont élevé nos grands génies du dix-septième siècle.

Voilà, Messieurs, en résumé, ce qu'a produit l'Ecole jusqu'en 1841. N'êtes-vous pas frappés, comme moi, de cette remarquable constance dans la direction des travaux de cette jeunesse érudite, qui ne dévie pas de la route qu'elle a une fois choisie? Au milieu des distractions et des séductions du monde, elle reste constamment attachée à des études spéciales, en apparence ingrates, assurément peu favorisées de la mode et peu propres à donner cette popularité décevante mais passagère que d'autres poursuivent avec tant d'efforts, à laquelle ils sacrifient même, peut-être à leur insu, les plus chers intérêts de la vérité.

N'admirez-vous pas aussi que cette jeunesse, devenue entièrement libre, après avoir passé les examens, abandonnée alors à elle-même, résiste, par la force de l'impulsion salutaire qu'elle a reçue, aux préoccupations, aux goûts du moment, et ne donne dans aucune de ces aberrations littéraires, politiques ou religieuses, où se laissent entraîner à notre époque tant de jeunes intelligences des plus distinguées? Non, Messieurs, aucun de nos jeunes paléographes n'est entré dans ces conspirations contre le sens commun, dont nous sommes témoins chaque jour. J'ai beau chercher, je ne vois pas qu'aucun d'eux ait seulement songé à inventer ni système de philosophie, ni la plus petite religion nouvelle!

Tels sont donc, Messieurs, le pouvoir et le mérite des études sérieuses et approfondies; elles donnent un goût indélébile pour le vrai et le beau; elles sont un bouclier assuré pour un esprit droit, contre les égarements dont il aurait, sans leur secours, tant de peine à se garantir.

Eh bien, Messieurs, ce qu'a produit d'excellent l'ancienne Ecole, malgré les défauts de son organisation, nous autorise à concevoir les plus grandes espérances sur les résultats qu'elle produira, maintenant que l'enseignement est plus complet et mieux pondéré : en effet, les deux savants professeurs à qui l'on doit les résultats que je viens de faire ressortir, continueront de lui donner le secours de leurs lumières et de leur expérience. Le nouveau professeur qui va les seconder est élève lui-même de l'Ecole (1), ainsi que le secrétaire (2) et les quatre répétiteurs, chargés aussi d'une partie de l'enseignement (3) ; car, il faut encore le remarquer à l'honneur de cette ancienne Ecole, c'est dans son sein que M. le Ministre a pris tous les fonctionnaires qui devaient concourir à la prospérité de la nouvelle. Assurément il ne pouvait mieux faire : et, je ne crains pas de le dire, s'il avait eu besoin d'en doubler le nombre, il n'aurait encore eu que l'embarras du choix.

Je n'ai plus qu'un seul mot à dire. Je m'adresse aux jeunes gens qui doivent former la nouvelle Ecole, et dont j'aperçois plusieurs dans cette enceinte : qu'ils suivent l'exemple de leurs devanciers ; mais, qu'ils le sachent bien, ils sont en conscience obligés d'aller encore plus loin qu'eux, car ils ont trois années d'études ; l'enseignement qui va leur être donné sera plus varié, sans être moins approfondi. Ils vont avoir plus de moyens d'instruction que n'en ont eu les anciens élèves ; ils n'auront donc le droit de se considérer comme leurs égaux que s'ils parviennent à les surpasser.

M. Jules Quicherat, répétiteur général de l'École des chartes, a lu ensuite, avec un grand succès, un intéressant et ingénieux travail sur le costume français au 14ᵉ siècle.

---

(1) M. Lacabane.
(2) M. de Mas-Latrie.
(3) MM. Quicherat, Guessard, Vallet de Viriville et de Rozière.

HISTOIRE DU COSTUME EN FRANCE AU QUATORZIÈME SIÈCLE.

Le véritable caractère des temps modernes est le changement ;
c'est en cela qu'ils se distinguent de l'antiquité. Je ne veux pas
dire que les peuples anciens aient été immuables. Leurs mœurs,
leurs lois, leurs langues, leurs habits se modifièrent plus ou moins
par leur contact avec les autres nations ; mais ces éléments étran-
gers, ils ne les reçurent qu'après une longue résistance ; et,
quand ils les eurent reçus, ils se forgèrent mille raisons de les
croire indigènes.

Rien de tel ne se voit au moyen âge. Comme tout ce qu'il y a
de tradition à cette époque est renfermé dans l'Eglise, la société
laïque n'a rien qui l'attache au passé ; et, comme elle n'a jamais
lieu d'être très-satisfaite du présent, elle accepte volontiers toute
nouveauté qui lui paraît être un perfectionnement. De là vient
que plus les Etats modernes se sécularisent, plus ils s'abandon-
nent au changement.

Ce fait a été très-bien observé par les penseurs éminents qui
de ce temps-ci ont renouvelé les études historiques. En opérant,
les uns sur les monuments de la littérature, les autres sur ceux
de la législation ou de l'histoire politique, ils en ont fait sortir la
preuve d'une suite non interrompue de transformations ; et ils
ont instruit ceux qui leur succéderont à reconnaître, malgré la
persistance trompeuse des mots, la figure sans cesse renouvelée
des choses.

Quelle que soit l'imperfection de tant d'essais auxquels se sont
livrés nos pères, on ne saurait trop y donner d'attention ; car ils
ont leur principe dans la chose la plus respectable du monde,
dans la liberté de l'esprit. Cette liberté, qui est devenue l'âme
des sociétés, notre mission est d'en suivre le progrès, non plus
dans les événements capitaux où elle éclate, mais dans le chaos
des faits accessoires d'où la critique patiente peut seule les déga-

ger. À ce compte, il n'est rien que nous devions négliger, et des choses très-futiles en apparence apporteront des enseignements inattendus. La nature n'a commencé à être connue que depuis que les hommes ont arrêté leurs yeux sur les imperceptibles. De même l'histoire ne pourra être écrite qu'après qu'on aura fait jaillir des ombres de la vie privée toutes les lueurs dont peuvent être éclairés les grands événements.

Je signale comme l'une de ces études celle des changements sans nombre que le costume a subis dans notre pays. L'histoire n'en est pas faite, et les documents pour la faire ne seront pas de sitôt recueillis. Cependant, avec le peu qu'on possède, il est déjà possible, je crois, de produire un résultat de quelque intérêt. Rien que les notions répandues dans les auteurs, si elles étaient réunies, seraient d'un grand secours aux archéologues et aux artistes. Augmentées des renseignements sans nombre que nos archives recèlent sur la même matière, elles finiront par donner la véritable histoire du commerce et de l'industrie, car depuis les croisades jusqu'aux temps modernes. il n'y eut d'inventions et d'entreprises que pour satisfaire les caprices de la mode.

Un certain nombre de notes que j'ai tirées de mes lectures, m'ont permis d'essayer un travail sur le costume : travail bien éloigné d'atteindre à aucune des fins que je signalais tout à l'heure, bien peu digne aussi d'inaugurer l'enseignement qui se donnera désormais dans cette enceinte. Il n'a de recommandation que par sa nouveauté. J'espère que l'exactitude des renseignements sur lesquels il repose fera excuser la nudité de l'ensemble, et que l'indulgence de l'assemblée qui m'écoute lui fermera les yeux sur tout ce que laisse à désirer la mise en œuvre.

Je me borne à l'histoire du costume civil, et je la prends au quatorzième siècle, c'est-à-dire depuis l'avénement de Philippe le Bel jusqu'au meurtre du duc d'Orléans, en 1407. Cette époque décisive, où notre nation fit son premier violent effort pour se dégager des entraves du moyen âge, est marquée aussi par l'avénement d'un goût entièrement nouveau dans les habits: Les modes y devinrent hardies, téméraires même, comme les esprits; elles s'accommodèrent aux nécessités d'une société qui éprouvait le besoin d'agir, et, délaissant pour toujours les formes arrêtées par la discipline de l'Eglise, elles établirent une ligne de démarcation infranchissable entre les clercs et les laïques.

Les innovations portèrent d'abord sur l'étoffe plutôt que sur la façon des habits. On laissa au vieux costume du moyen âge sa coupe, son ampleur et ses beaux plis, derniers vestiges de l'antiquité ; mais on le surchargea de doublures, de fourrures, de galons, en un mot, de mille raffinements que la simplicité des ancêtres avait ignorés. Quant aux modestes tissus de fil et de laine fabriqués par l'industrie nationale, on les abandonna pour les draps fins dont la Flandre commençait à couvrir les marchés de l'Europe, pour les velours et les soies damassées que Venise et Gênes apportaient de l'Orient.

Vers 1290, l'habillement d'un homme (non pas d'un *homme* dans le sens qu'avait alors ce mot, qui était l'équivalent de *serf* : il ne peut être question ici que de ceux à qui l'opinion du temps accordait l'exercice de la prérogative humaine, c'est à savoir des nobles, des clercs et des bourgeois), l'habillement d'un homme donc se composait de six pièces indispensables : les braies, les chausses, les souliers, la cotte, le surcot ou cotte hardie, et enfin le chaperon. A cela les élégants ajoutaient sur le corps, la chemise ; sur les épaules, le manteau ; aux mains, les gants ; le chapeau ou le fronteau sur la tête.

Pour ne présenter rien de vague à l'esprit, je vais décrire successivement chacune des pièces qui viennent d'être énumérées.

Les *braies* ou *brayes* étaient un caleçon, non pas tricoté, mais assemblé par pièces, quelquefois d'une étoffe de soie ou de laine, quelquefois de peau. Nos pères tenaient des Gaulois cette partie de l'habillement ; seulement, les braies gauloises descendaient jusqu'à la cheville, tandis que celles du treizième siècle n'allaient pas plus bas que le jarret. On les ceignait sur les hanches au moyen d'un ceinturon appelé *braïer*. Il est souvent question du *braïer* dans les romans de chevalerie. Les trouvères ont une expression consacrée pour dépeindre un combattant pourfendu : ils disent qu'il est *tranché jusqu'au nœud du braïer*. *Porter le braïer* se disait des dames maîtresses au logis. On lit dans de

vieux statuts de l'église de Saint-Flour : *Aliquæ mulieres inveniun-
tur de quibus dicitur vulgariter quod* bragerium *portant.*

Par *chausses* on entendait ce que nous appelons aujourd'hui
des bas. Elles se faisaient aussi de plusieurs pièces ajustées. On
appareillait l'étoffe et la couleur des chausses à celles des braies.
Elles tenaient sur la jambe par un rabat des braies, sous lequel
était noué un cordon à demeure. Cette particularité est prouvée
par un changement que Charles V permit de faire aux statuts
des chaussiers, en raison précisément de ce que la mode ancienne d'attacher les braies aux chausses *à un nouet par-devant*,
venait d'être remplacée par quelque chose de plus propre à dis-
simuler l'attache des deux pièces.

Les *souliers* étaient de divers cuirs, dont les qualités se rap-
portaient, soit à la basane, soit au cordouan. La dénomination de
basane s'étendait à tous les cuirs communs ; celle de cordouan
ou cuir de Cordoue était réservée à la peau que nous appelons
maroquin. Les Arabes d'Espagne avaient appris aux Ocidentaux
le secret de cette préparation, dont les produits étaient l'objet
d'une consommation immense. On voit par les fournitures de ce
temps-là dont les mémoires se sont conservés, que le cordouan
était le plus souvent blanc, pourpre ou doré. Cette substance
étant réputée précieuse, les ouvriers qui la travaillaient auraient
eu honte de mettre la main aux cuirs communs ; aussi l'industrie
de la chaussure était-elle partagée entre les *cordouanniers* et les
basaniers. Au-dessous de ces deux corporations, une place était
encore réservée aux *savatiers*, qui, d'après les règlements alors en
vigueur, ne pouvaient absolument travailler que le vieux.

Pour ce qui est de la forme des souliers, on les faisait soit cou-
verts avec boutons ou lacets sur les dehors du pied, soit décol-
letés avec deux oreilles bouclées à la hauteur des chevilles. Ils
étaient pointus du bout. C'était toujours la vieille mode des poulaines, introduites dans l'Europe depuis près de 300 ans, et dont,
au commencement, l'Eglise s'était si fort scandalisée qu'elle l'a-
vait mise presque au rang des hérésies. Depuis, le goût s'était
amendé quant à la longueur des pointes ; mais le principe était
resté en honneur, n'attendant qu'un relâchement de surveillance

pour retomber dans ses premiers excès. A la faveur des contestations survenues du temps de Philippe le Bel entre l'Eglise et l'Etat, les poulaines s'allongèrent insensiblement. Dès l'année 1312, les religieux de Saint-Victor de Marseille les prohibèrent dans leurs domaines. En France on les toléra, par esprit d'opposition sans doute.

Outre les souliers, il y avait encore les *estiviaux*, espèce de brodequins à l'usage des élégants. Ils n'étaient pas de cuir, mais de velours, de brocard ou de quelque autre riche étoffe. Une telle chaussure, qui ne pouvait convenir que par un temps sec, était nécessairement d'un usage plus fréquent l'été que l'hiver, et de là sans doute la dénomination qu'elle avait reçue ; car l'adjectif *estival*, qui n'est pas resté dans la langue, signifiait *ce qui est d'été*.

La *cotte* correspondait à la tunique des anciens. C'était une blouse longue à manches ajustées. Les manches en étaient la seule partie apparente, attendu que le corsage et la jupe disparaissaient entièrement sous le surcot.

Surcot équivaut à cotte de dessus ; le nom seul de cette pièce indique donc quel en était l'usage. Il est moins facile d'expliquer la dénomination de *cotte hardie*, en latin *tunica audax*, qui prévalut au commencement du quatorzième siècle. La forme de ce vêtement était celle d'une grande robe taillée droite et fermée comme un fourreau. Des fentes étaient disposées autour de l'encolure, pour faciliter le passage de la tête lorsqu'on mettait le surcot, car il fallait s'y prendre comme font les femmes pour passer leurs robes. Ces fentes, garnies de boutonnières et de boutons, se fermaient ensuite. D'autres fentes, pratiquées par le bas, avaient eu primitivement pour objet d'assurer la liberté des jambes, soit qu'on eût à courir, soit qu'on voulût monter à cheval. Plus tard la mode fit de ces ouvertures l'endroit important de l'habit, celui par où se montraient les fourrures de prix ou les riches satins employés pour le doubler.

Le goût des fourrures a été la folie du quatorzième siècle. Nous verrons tout à l'heure à quelles extravagances il donna lieu. Il suffisait que ce luxe coûtât cher, pour que chacun voulût y atteindre; car qui n'eût pas été flatté de montrer qu'il pouvait porter une fortune à l'envers de son habit? Un pareil raffinement n'aurait pas le même succès aujourd'hui qu'on est si avancé dans l'art de faire illusion à peu de frais. En supposant que l'ancienne mode revînt, on ne conclurait pas d'une bordure d'hermine que tout le dessous de la robe fût aussi d'hermine : l'idée contraire naîtrait plutôt. Il n'en était pas ainsi il y a cinq cents ans : dans aucune industrie, le sacrifice du réel à l'apparence n'était toléré. Les statuts de la noble corporation des fourreurs défendaient de la manière la plus expresse l'accouplement sur une même pièce de deux peaux de qualité différente. Se soustraire à cette prescription, c'eût été d'abord violer le serment aux statuts, serment prêté sur l'Evangile par chacun des confrères ; en second lieu, on eût encouru une forte amende et la confiscation de la pièce déclarée défectueuse par un jury qui surveillait continuellement les produits du métier.

Les surcots étaient sans manches ou avec des demi-manches larges qui descendaient un peu plus bas que le coude, ou enfin garnis aux épaules de fausses manches qui retombaient comme les ailes d'un surplis. Ces accessoires participaient au luxe des fourrures étalées sous la jupe. L'étoffe ordinaire du surcot était le drap, drap écarlate ou vermeil ou vert de Bruxelles, qui était la première qualité de ce temps-là; drap pers (bleu foncé) de Rouen et de Montivilliers; tanné (rouge saumon) de Louvain; camelin d'Estanford (long poil anglais), marbré de Flandre (drap analogue, du moins pour la couleur, à nos fantaisies chinées et moirées), etc., etc. Pour les moins riches, la tiretaine et la futaine remplaçaient ces lainages qui étaient d'un prix élevé, surtout ceux de Bruxelles. Les seigneurs assortissaient la couleur de leur drap à celle du champ de leurs armes, puis faisaient broder par-dessus les pièces de leur blason en fil de soie, d'or ou d'argent. Auparavant cette décoration s'était faite au moyen d'une simple application de couleurs, qu'on appelait *bature*. La broderie, beaucoup plus chère, fut préférée sous Philippe le Hardi. Joinville dit s'en être plaint un jour à lui. « Je lui disais, » ce sont ses propres expressions que je traduis, « je lui disais au sujet des cottes brodées que l'on fait aujourd'hui, que jamais, au voyage d'outre mer où j'étais, je n'avais vu de ces cottes, soit au roi saint Louis, soit à d'autres. Il me dit là-dessus qu'il avait telles pièces brodées de ses armes qui lui avaient coûté 800 livres parisis (1). A quoi je répondis qu'il eût mieux fait d'employer cet argent en aumônes, et de faire faire ses pièces d'habillement en bon taffetas battu à ses armes, ainsi que faisait son père. »

Il faut noter toutefois que l'étiquette qui commençait à s'établir ne tolérait pas qu'on fît parade de ses armoiries ailleurs qu'en bataille, chez soi ou chez ceux dont on était l'égal. Les nobles qui fréquentaient les grandes maisons (et ce cas était celui du plus grand nombre), ces clients de la féodalité qui se disaient *aux robes* de tel ou tel, parce que celui dont ils subissaient le patronage les entretenait de surcots et de manteaux, ceux-là n'étalaient pas leur blason sur leur poitrine ; mais ils portaient la couleur préférée du maître, ainsi que le drap qu'il avait choisi et payé. Un tel uniforme s'appelait la *livrée*, à cause que la livraison s'en faisait deux fois par an. Le mot est resté dans la langue avec une autre acception, mais qui tient de trop près au sens primitif pour qu'on n'en saisisse pas le lien.

Le *chaperon* fut la coiffure nationale des anciens Français, de même que le *cucullus*, d'où il tira son origine, avait été la coiffure nationale des Gaulois. On peut s'en faire une idée très-juste d'après nos capuchons de domino. Cette forme s'altéra de diverses manières sous le règne de Philippe le Bel, soit par la suppression de la pèlerine, soit par l'allongement de la cornette, dont on fit descendre la pointe jusque sur les épaules. Dans la première de ces modifications, le chaperon, cessant de s'attacher autour du cou, eut besoin d'être retenu sur la tête par quelque chose de consistant. On le monta donc sur un bourrelet, ce qui le transforma en une véritable toque. En bâtissant l'étoffe de la coiffe sur le bourrelet, on lui fit faire certains plis, pour rappeler ceux qu'elle produisait d'elle-même lorsqu'elle n'était pas soutenue.

---

(1) Cette somme en valeur représente bien de 25 à 30,000 fr. de notre monnaie.

Bientôt la fantaisie disposa ces plis de mille manières étranges: en bouillons, en fraises, en crête de coq. La façon en crête de coq ou *coquarde* fut surtout bien portée. Elle fit entrer dans la langue l'épithète de *coquard*, qui s'est longtemps appliquée à ce que nous appelons un dandy.

Par-dessous le chaperon, on porta jusqu'au règne de Charles V un béguin à pattes qui se nouait sous le menton. C'était la coiffe : coiffe de toile blanche pour les bonnes gens, coiffe de linon pour les somptueux. Les bas-reliefs qui sont aux portails latéraux de Notre-Dame de Paris en montrent plus d'un exemple. Il nous reste un vieux poëme en l'honneur des merciers, où l'on voit que, pour charmer les belles, les damoiseaux mettaient des coiffes d'une transparence exquise, brodées d'oisillons et de bouquets. L'inverse a lieu depuis que les bonnets brodés sont devenus l'attribut de l'autre sexe.

Les *chapeaux* étaient de plusieurs formes : pointus, cylindriques, hémisphériques avec un appendice saillant au sommet. On les faisait de divers feutres : soit de bièvre (loutre), soit de poil de chèvre, soit même de bourre de laine et de coton. La fabrication de chaque espèce de chapeau constituait une industrie à part. A Paris, les chapeliers de bièvre étaient soumis à un ancien statut d'après lequel il leur était interdit d'augmenter par des apprêts la roideur de leurs feutres. En 1323, ils vinrent demander au prévôt du roi la permission de réformer cet article, parce que chacun voulait avoir des chapeaux à sa mode et d'une confection impossible la plupart du temps, à moins d'un appareil particulier donné au feutre. On leur permit d'empeser les feutres blancs et gris, mais non les noirs.

Les chapeaux de paon, confectionnés par les *paonniers*, étaient un objet du plus grand luxe. Des plumes de paon, cousues à recouvrement comme des écailles de poisson, en revêtaient l'extérieur.

Quant à l'expression de *chapeau de fleurs*, qui revient à chaque instant dans nos auteurs anciens, elle désignait, non pas une forme particulière de chapeau, mais une couronne de bluets, de violettes ou de roses, ornement de tête qui se maintint jusqu'au règne de Philippe de Valois, comme partie indispensable du costume de bal ou de festin. On aurait peine à se figurer le nombre de bras qu'occupait en 1300 la seule industrie des chapeaux de fleurs. Outre qu'elle était fructueuse, elle conférait à ceux qui l'exerçaient la jouissance de plusieurs exemptions et priviléges : priviléges à eux octroyés, disent les anciens règlements, comme à gens occupés pour le déduit des gentilshommes.

Les *fronteaux* firent tomber les chapeaux de fleurs. On appelait ainsi des diadèmes composés d'un galon de soie, d'argent ou d'or, sur lequel l'art du joaillier disposait en rosaces des groupes de perles et de pierreries. Cet ornement avait sur les fleurs l'avantage de ne pas se flétrir. Il avait aussi le mérite de coûter beaucoup plus cher, et d'établir par là, d'une manière plus voyante, la démarcation entre les grandes et les petites fortunes. Cette dernière considération fut probablement ce qui rendit son succès décisif.

Lorsque les trouvères du moyen âge veulent décrire un riche costume, c'est surtout sur le *manteau* qu'ils accumulent les traits de leur imagination. Le luxe de cette partie de l'habillement est déjà remarquable dans le roman de Garin : il y est question à tout propos de manteaux en soie brochée d'Alexandrie, richement galonnés.

L'auteur du roman de la Violette, qui est postérieur à celui de Garin d'au moins cent cinquante ans, met sur les épaules d'un de ses héros un beau manteau vert doublé d'hermine, dont l'étoffe était ornée de rosaces en broderie, et dans le milieu de chaque rosace était cousu un grelot d'argent, de sorte qu'au moindre mouvement on entendait la musique la plus suave du monde : c'est du moins l'opinion du poëte.

On pense bien que le règne de Philippe le Bel ne vit pas diminuer l'éclat des manteaux. Les comptes de dépense du temps ne mentionnent à cet article que fournitures de draps d'or et de soie, de velours, de martre et de petit gris.

Il y avait deux sortes de manteau. L'un était ouvert par devant et tombait sur le dos ; une bride qui traversait la poitrine le tenait fixé sur les épaules. L'autre, enveloppant le corps comme nne cloche, était fendu sur le côté droit, et se retroussait sur le bras gauche. De plus, il était accompagné d'un collet de fourrure taillé en guise de pèlerine. Par son ampleur et la magnificence de ses plis, ce dernier rappelait la toge romaine. On le nommait *manteau à parer*, ou encore *manteau à la royale*, parce qu'il faisait partie du costume des rois. Philippe le Bel le donna comme insigne aux officiers de ses deux parlements de Paris et de Toulouse.

Les *gants* sont d'importation germanique. Les Gaulois les reçurent des Saliens de Clovis. Chez ce peuple loyal, qui ne se plia qu'à grand' peine à l'usage des écritures, le donateur ou le vendeur d'un immeuble, pour témoigner de sa renonciation, livrait l'un de ses gants. Plus tard, sous le régime des notaires, on continua de se donner le gant; puis la coutume féodale convertit cela en servitude pour le vilain qui faisait affaire avec un gentilhomme. On sait ce que voulait dire, entre nobles, jeter et relever le gant. Pour se serrer la main, on se dégantait : y manquer eût été la plus grande offense. En 1382, deux cousins de bonne maison, se rencontrant aux portes de Marciac près de Mirande, se prirent de querelle parce que l'un fit cette injure à l'autre ; et, pour le triomphe du savoir-vivre, le déganté fit entrer toute la longueur d'une pique dans la poitrine de son parent. Un autre usage, qui n'est guère plus connu, consistait à distribuer des gants aux maçons et aux tailleurs de pierre lorsqu'on mettait en train de grands travaux de construction.

La France fut dès l'origine le premier pays du monde pour tailler les gants, et l'Angleterre le premier pour les coudre. Les gants qu'on faisait à Paris, en 1300, étaient de peau de mouton, de peau de cerf, ou bien encore de peau de vair et de gris. Ils étaient à poignets longs, comme le montre la statue en marbre noir de l'impératrice Catherine de Courtenai, déposée dans les caveaux de Saint-Denis. Des rosaces en broderie d'or et de soie qui avaient orné le dessus des gants d'Hervée, soixante-troisième évêque de Troyes, furent trouvées dans son cercueil lorsqu'on le mit à découvert il y a trois ans.

On a coutume de regarder la *chemise* comme un vêtement d'invention moderne. Rien n'est plus erroné; car, au contraire, nous tenons la chemise directement de l'antiquité. Il n'y a de nouveau que l'usage universel qu'on en fait. Saint Jérôme parle de la chemise (*camisia*) comme d'une pièce que, de son temps, tous les soldats portaient dans les armées romaines. On conçoit, en effet, que les militaires, qui ne pouvaient pas donner à leur corps des soins continuels, aient eu besoin d'un vêtement intermédiaire entre la tunique et la peau. Leur pratique fut imitée par les barbares et transmise par ceux-ci aux hommes du moyen âge qui exerçaient la profession des armes. Les plus anciennes chansons de geste ne décrivent pas un adoubement de chevalier où la chemise ne figure comme première pièce du costume. Elle fut introduite dans l'habit de ville au treizième siècle, mais seulement comme objet de parade, parce qu'on en faisait paraître les plis autour du cou. Aussi les bons ménagers regardaient-ils de travers les porteurs de chemise. Un bourgeois du temps de Charles V, donnant des conseils à sa femme, lui recommande surtout de ne pas s'afficher en laissant paraître le collet de sa chemise.

Ceci m'amène naturellement à la toilette des dames.

A l'exception des braies, toutes les pièces composant le costume masculin se retrouvaient dans celui des femmes. Il n'y avait pas jusqu'aux dénominations qui ne fussent les mêmes. La différence du costume des deux sexes ne résidait que dans la façon. Ainsi, par exemple, la cotte et la cotte hardie des femmes étaient traînantes; leur chapeau n'affectait pas la forme conique, et n'était pas de feutre; leur chaperon, toujours muni de ses appendices, pèlerine ou chausse, ne se retroussait pas pour prendre la forme dégagée d'une toque.

La cotte hardie, ai-je dit, était traînante : elle était de plus flottante et ne se ceignait pas, quoique, vers le milieu du corps, elle se rétrécit de manière à en marquer tant soit peu le contour. La ceinture était posée en dessous, sur la cotte, et pour la faire paraître, des fentes étaient pratiquées à droite et à gauche, sur les flancs du surcot. Les prédicateurs du temps appellent ces ouvertures des *fenêtres d'enfer*, par où, selon eux, se montrait le démon de la prodigalité, parce que les ceintures étincelaient d'*or* et de pierreries.

Le chapeau des femmes, sous Philippe le Bel, consistait, comme celui de nos dames, en une carcasse recouverte d'étoffe. La carcasse était de parchemin. L'étoffe, de drap fin, de soie ou de velours, recevait d'ordinaire un genre de décoration en paillettes et en filigranes dont les modes de certains cantons suisses peuvent donner l'idée. Ces chapeaux n'avaient pas de passe, et leur forme était celle d'un mortier de juge. L'usage, au reste, ne s'en prolongea guère au delà de 1320; alors vint l'habitude de se coiffer en cheveux avec des filets de soie ou *crépines*, que l'on accompagnait, soit d'un fronteau, soit d'un chapelet de perles, soit d'un voile ou *couvre-chef*. Chapeaux, crépines, couvre-chefs étaient confectionnés par des corporations de femmes, et mis en vente chez les merciers, dont le commerce embrassait alors tous les articles de nouveauté. A Paris, les plus riches magasins de mercerie étaient établis dans la rue Quincampoix.

J'ai sommairement énuméré, non pas décrit dans leur détail, les pièces qui composaient l'habillement dans les dernières années du treizième siècle et au commencement du quatorzième. La variété seule de ces objets suffit pour qu'on juge à combien d'articles de luxe s'adressait déjà la consommation. En raison des demandes faites par le commerce, la production augmentait partout où elle avait son siége; et même, dans les pays qui jusque-là avaient été dénués de toute industrie, des hommes intelligents commençaient à voir la possibilité de naturaliser les professions qui enrichissaient l'étranger. Tel était le résultat de la prospérité relative qui s'était fait sentir pendant le treizième siècle, surtout depuis le règne de saint Louis. L'argent circulait; la parure était la chose à laquelle on l'employait le plus volontiers, et des dépenses faites pour la parure naissaient l'art et la richesse. L'Eglise, sans voir les avantages éloignés de cet état de choses, s'alarma d'un goût qui ne tendait chez un trop grand nombre qu'à dégénérer en fureur. Elle adjura les hommes d'Etat de réprimer ce qu'elle prenait pour un symptôme de la dissolution des mœurs; et, comme ses terreurs étaient assez justifiées par les anathèmes des législateurs antiques contre le luxe des habits, on en revint au système des lois somptuaires. Philippe le Bel rendit, dès l'an 1294, une suite de dispositions qu'on regarde comme le fondement de la législation française sur la matière. Au lieu que jusque-là il n'y avait eu que des prohibitions de circonstance, prononcées par les conciles ou par les synodes provinciaux comme mesures de discipline, l'ordonnance de 1294 régla ou prétendit régler, par la sanction d'une amende, la tenue et l'entretien de chaque classe de la société.

Aux termes de cette vieille loi, les bourgeois ne devaient porter ni hermine, ni petit gris, ni joyaux, ni couronne d'or ou d'argent. Les plus riches seigneurs étaient tenus de se contenter, eux et leurs femmes, de quatre habillements par an, un pour chaque saison. Trois habillements, dont un d'été, étaient le lot des bannerets. La consommation des simples chevaliers et celle des bourgeois était limitée à deux paires de robes ; celle des varlets à une seule.

Venait ensuite le règlement du prix des étoffes permises à chaque condition. Ce prix, pour les seigneurs du plus haut parage, ne devait pas excéder vingt-cinq sous tournois l'aune. Il était fixé à dix-huit sous pour les châtelains, les bannerets et les chevaliers de leur suite ; à quinze pour les écuyers, fils de bannerets et de châtelains ; à seize sous pour les riches bourgeoises et à douze pour leurs maris ; à dix sous pour les écuyers vivant de leur propre et pour les moindres bourgeois ; enfin à sept sous pour les petits nobles vivant du patronage des grands.

Ces minutieuses prescriptions et distinctions n'aboutirent à rien. Soit que l'ordonnance fût trop difficile à exécuter, soit qu'on aimât mieux l'enfreindre au prix de l'amende dont elle frappait les délinquants, le règne de Philippe le Bel fut précisément celui sous lequel la distinction entre les castes cessa d'être possible. C'est alors, en effet, que s'élèvent les premiers parvenus, enrichis par l'usure, par le commerce, par l'industrie. Après avoir été les fournisseurs de la cour, ils finissent par y avoir bouche, par figurer sur les états du roi ; les gentilhommes s'habituent à eux par le frottement ; leurs fils sont écuyers, leurs petits-fils chevaliers ; et de la sorte chaque règne voit s'augmenter la phalange dorée, jusqu'au moment où Charles V, pour donner plus de relief à sa capitale, autorise les bourgeois de Paris à mettre à leurs chevaux des freins en orfèvrerie, et sur leurs corps toutes les décorations appartenant à gens de noble lignage.

Philippe le Bel mort, il ne paraît pas, d'après les monuments très-rares qui nous restent de ses fils, que le costume ait éprouvé de quelque temps des modifications sensibles. Ce fut au milieu du règne de Philippe de Valois seulement qu'une grande nouveauté se produisit. Le continuateur de Guillaume de Nangis en fixe l'apparition à l'année 1340. D'où venait-elle ? on n'en sait rien. Par qui fut-elle apportée ? par les grandes compagnies, je suppose. Le seigneur de la Tour, dans son *Enseignement des femmes*, dit que les vivandières des compagnies mirent à la mode les surcots évidés dont je parlerai tout à l'heure. Il est plus que probable que le nouvel habillement des hommes, qui parut dans le même temps, fut adopté aussi par l'exemple des compagnies ; car les dames auraient-elles osé copier les vivandières, si leurs maris n'avaient été les premiers à copier les gens d'armes ?

Quoi qu'il en soit, tout le monde dans l'Eglise fut ébahi de voir cet habillement prendre faveur : cela paraît à la manière dont les auteurs ecclésiastiques en parlent. A propos de la bataille de Crécy, voici ce que le religieux de Saint-Denis trouve à dire :

« Nous devons croire que Dieu a souffert ceste chose à cause
« de nos péchés ; car l'orgueil estoit bien grant en France, sur-
« tout chez les nobles ; grande estoit aussi la deshonnesteté des
« habits qui couroient par le royaume ; car les uns avoient robes
« si courtes, qu'elles ne leur venoient que aux cuisses, et quand ils
« se baissoient pour servir un seigneur, ils montraient leurs braies
« à ceux qui étoient derrière eux ; et pareillement elles étoient
« si estroites, qu'il leur falloit aide pour les vestir et les desha-
« biller, et sembloit qu'on les écorchoit quand on les deshabilloit.
« Et les autres avoient robes froncées sur les reins comme fem-
« mes, et aussi portoient une chausse d'un drap et l'autre d'un
« autre ; et leur venoient leurs cornettes et leurs manches près

« de terre, et sembloient mieux jongleurs qu'autres gens. Et
« pour ce n'est pas merveille si Dieu voulut corriger les excès
« des François par son fléau le roi d'Angleterre. »

Le continuateur de Nangis, que je citais tout à l'heure, est
d'opinion différente. Au lieu de voir dans le désastre de Crécy la
conséquence du changement de mode, il prétend que le changement de mode n'eut lieu que dans la prévision du désastre. Les
seigneurs s'étaient faits légers, dit-il, afin de mieux fuir devant
l'ennemi.

Quoique ayant changé de forme, les habits conservèrent les
mêmes noms. Le surcot fut une étroite tunique, boutonnée par
devant comme une camisole, sous laquelle la cotte, encore plus
courte et plus étriquée, disparut tout à fait pour ne se montrer
qu'aux avant-bras. La ceinture tomba au-dessous des hanches.
Aussi bizarre par sa façon que par la place qu'elle occupait, elle
consistait en une espèce de boudin rembourré, sur la surface extérieure duquel étaient cousues des plaques d'or ciselées, avec in-
crustations d'émaux et de pierreries. On y pendait la bourse et
un long poignard appelé *badelaire* dans les auteurs du temps. La
cornette ou fond de coiffe du chaperon, immodérément allongée,
descendit comme une queue de bête, depuis la nuque jusqu'aux
talons. Tels étaient les chaperons en drap rouge et bleu dont le
prévôt des marchands, Etienne Marcel, fit affubler les Parisiens
en 1357. Ses affidés y joignirent une broche d'argent, dont la
plaque émaillée portait les mots *à bonne fin*, devise de tous les
révolutionnaires à leur commencement. Pour ce qui est des souliers, la fureur des poulaines s'étant réveillée de plus belle, on
les porta longues comme on n'avait jamais fait, même à l'origine.
Un homme n'avait pas bon ton si la pointe de sa chaussure ne se
prolongeait pas à un bon pied au delà de ses orteils. Quelquefois
cette pointe était recourbée en dehors, *pareille aux ongles que la
nature a donnés aux griffons*, dit un écrivain qui certainement
n'avait jamais vu de griffon. Toujours est-il que ces poulaines,
fort gênantes pour la marche, avaient surtout aux yeux des clercs
le tort très-grave de rappeler l'ergot du diable.

Le pape Urbain V, qui demeurait à Avignon, et le roi Charles V, combinèrent leurs efforts pour en extirper la mode. Les considérants d'une ordonnance royale, rendue à cet effet le 10 octobre 1368, traitent les poulaines de « difformité imaginée en dérision de Dieu et de sa sainte Eglise. »

Sans doute la mode des poulaines était une folie, mais une folie innocente, quoi qu'en aient dit les docteurs. Celle des fourrures, moins anathématisée, eut pour effet de ruiner les gens, non pas tant ceux qui les portaient, que les taillables et contribuables qui subvenaient au luxe des grands. On est effrayé de voir dans quelle progression a augmenté la dépense des fourrures depuis 1350 jusqu'à 1400. Six cent soixante-dix ventres de menu vair suffisaient pour fourrer deux habillements complets à l'usage du roi Jean, savoir : deux surcots, deux paires de manches, deux chaperons et deux cloches ou manteaux ronds. Dix ans après la mort de ce monarque, le duc de Berri, son fils, faisait acheter d'une seule livraison 9,870 ventres de la même fourrure, destinés à lui garnir seulement cinq manteaux et cinq surcots, ce qui suppose, pour chaque pièce, le triple des peaux employées dans un habillement complet du père. Autres dix ans plus tard, pour la fourrure d'une seule robe de chambre, commandée par le duc d'Orléans, petit-fils du roi Jean, on employait 2,797 peaux de petit gris. Il est très-difficile d'évaluer les sommes auxquelles sont portées ces fournitures sur les mémoires d'où nous en tirons la mention ; mais on pourra s'en faire une idée par comparaison, lorsqu'on saura que le demi-cent de peaux à fournir coûtait autant qu'une aune de drap superfin de Bruxelles, c'est-à-dire une somme qu'on ne peut guère supposer moindre de quatre-vingts francs. Et tous les mois les princes faisaient l'emplette d'un habillement nouveau ! Voilà comment, avec le revenu des provinces, ils avaient toutes les peines du monde à faire face aux dépenses de leur maison.

Il faut dire, à la louange du roi Charles V, qu'il opposa une continuelle résistance à ces ruineuses prodigalités. Cherchant à convertir par l'exemple ses parents et ses sujets, il conserva toujours l'ancien costume, les robes longues sans fourrures qu'on avait portées du temps de son aïeul. Si sa simplicité ne fut pas

imitée, du moins la gravité qu'il affectait amena quelques correc_
tions au ridicule des habits courts. On dissimula ce qu'ils avaient
d'inconvenant sous une sorte de chasuble appelée *housse*, qui
enfermait le corps jusqu'au milieu de la poitrine, et qui là, se di-
visant par des fentes latérales en deux pans d'égale longueur,
tombait comme un double rideau par derrière et par devant. Cet
habillement, essayé dès le règne du roi Jean, devint d'un usage
universel en 1370.

On s'en lassa bientôt. L'avénement de Charles VI laissa de
nouveau le champ libre à l'extravagance : la *houppelande*, mise
en honneur, détrôna tout le reste. C'était une sorte de redingote,
ou mieux de robe de chambre, tantôt longue, tantôt courte, mais
dans tous les cas garnie de manches traînant à terre. Elle était
ajustée de corsage, et serrée à la taille par une ceinture. La jupe,
fendue par devant, flottait et s'ouvrait en raison de sa longueur.
Par-dessous, l'homme se montrait dans un état voisin de la nudité.
Plus de surcot, plus de ces basses ceintures qui jusque-là
avaient retenu sur le haut des cuisses le bord inférieur de l'habit.
Une veste serrée, nommée *jaquette* ou *pourpoint*, venait s'attacher, au défaut des côtes, après les braies, qui, elles-mêmes, ne
faisaient plus qu'une pièce avec les chausses.

Les étymologistes se sont fort escrimés sur l'origine du mot
houppelande, et cela sans arriver à quelque chose de bien victo-
rieux. Les plus autorisés se sont rabattus à dire que le nom était
tel parce que l'usage du vêtement avait été importé de l'Upland ;
c'est une province de Suède qui n'a guère accoutumé de donner
le ton à l'Europe. Il est vrai que des modes sont venues de
plus loin et de pays encore plus sauvages ; mais il est vrai aussi
que les Italiens, avant que nous eussions la houppelande, se servaient d'un habit appelé *il pelando*, et que, pour les Provençaux,
intermédiaires obligés entre les Italiens et les Français, *il pelando*
était *lou peland*. Ne serait-ce pas le vrai chemin par où nous seraient venus à la fois le nom et la chose ?

La houppelande, quand elle était longue, coûtait cher d'étoffe ;
elle coûtait cher de fourrures, et à broder, elle coûtait cher
encore. L'usage était d'y faire tracer à l'aiguille des tableaux en-

tiers, des rébus et des emblèmes où l'on pouvait lire, quand on savait le mot, les joies de cœur ou les afflictions de chacun. Dans ce qui nous reste des comptes de la maison d'Orléans figure une dépense de 276 livres (bien 10,000 francs de notre monnaie), pour 960 perles destinées à orner une houppelande du prince, sur les manches de laquelle étaient écrits en broderie les vers d'une chanson commençant par les mots : *Madame, je suys tant joyeulx*, avec la musique de la même chanson dont les portées étaient de broderie d'or, et chaque note formée de quatre perles cousues en carré.

Tandis que la mise des hommes, abandonnée à la fantaisie, n'avait fait que progresser dans le ridicule, celle des femmes était arrivée un moment à une rare perfection de bon goût et d'élégance. Le règne de Charles V, en effet, vit se former ce gracieux costume sous lequel les artistes modernes ont représenté de préférence les dames du moyen âge. Ce costume, tout le monde l'a devant les yeux pour l'avoir vu cent fois dans les tableaux ou au théâtre. Il consiste en un surcot à large jupe dont le corsage se trouve réduit, par l'évidement des côtés, à deux bandes étroites qui vont se réunir sur le haut des épaules. La cotte dessine aux yeux le contour des bras, d'une partie de la poitrine et des flancs, mis en liberté par l'évidement du surcot; enfin une mantille de fourrure, traversée d'un galon d'or, descend par devant et par derrière jusqu'à la taille, de manière à rompre de la façon la plus heureuse la monotonie des lignes.

A la fois dégagé et majestueux, cet habillement satisfaisait aux règles de l'art sans manquer à la décence. Il ne put durer. Il fallut que les femmes se soumissent aussi à l'empire de la houppelande. A la cour comme à la ville, on vit s'étaler l'ampleur de ce vêtement, qui, n'étant pas ouvert sur le devant comme celui des hommes, pouvait passer pour une restauration de l'ancien surcot du temps de Philippe le Bel ; mais il y avait cette différence que la ceinture, portée jadis sous le surcot, fut mise par-dessus la houppelande. Un changement en amène un autre. Au lieu d'attacher la ceinture au bas des hanches, comme on avait fait jusque-là, on la posa sous les seins, à une distance ridicule de la taille. On eut ainsi des corsages écourtés, dont l'exagération fut rendue encore plus sensible par le contraste des jupes à queue et des manches pendantes.

Pareillement la belle coiffure en cheveux fit place aux *atours*, horribles coiffes, préférées des dames qui avaient à ajouter des torsades d'emprunt au trésor peu fourni de leur chevelure. On accompagnait les atours de bourrelets en forme de couronne, de cœur, de trèfle et de mille autres figures de la plus sotte invention. Lorsque les coiffeurs du siècle dernier se mirent à étayer sur la chevelure des jardins, des toitures de pagodes, des agrès de navires, ils se crurent des inventeurs. Le quatorzième siècle les avait devancés. Je n'en veux pour preuve qu'une anecdote racontée par le chevalier de La Tour-Landry : « Une bonne dame, « dit-il, me conta que, en l'an 1372, elle et tout plein de dames « et damoiselles estoient venues à une fête de Sainte-Marguerite « où tous les ans avoit grande assemblée. Et là vint une damoi- « selle moult cointe et moult jolie ; mais qui estoit plus diverse- « ment atournée que nule des autres. Et pour son estrange « atour, tous la venoient regarder comme une beste sauvage. Si « luy demanda la bonne dame : Mamie, comment appelez-vous « cet atour? Et elle lui respondit que on l'appeloit l'atour du gi- « bet. — Du gibet! dit la bonne dame; eh bon Dieu! le nom « n'est pas beau, mais l'atour est plaisant. Je demanday à la « bonne dame la manière d'icelluy atour, et elle le me devisa; « mais en bonne foi je le retins petitement, fort tant qu'il me « semble qu'elle me dist qu'il estoit hault levé sur longues « épingles d'argent, plus d'un doigt sur la teste, comme un « gibet. »

C'est encore à propos de ces coiffures ridicules que le spirituel chansonnier Eustache Deschamps fit, vers 1385, le couplet que voici :

> Atournez-vous, mesdames, autrement
> Sans emprunter tant de harribouras,
> Et sans quérir cheveulx estrangement,
> Que maintes fois rongent souris et rats.
> Vostre affubler est comme un grand cabas ;
> Bourriaux y a de coton et de laine,

Autres choses plus d'une quarantaine,
Frontiaux, filets, soye, espingles et neuds.
De les trousser est à vous trop grand peine :
Rendez l'emprunt des estranges cheveux !

Les satiriques avaient beau se moquer, les prédicateurs avaient
beau tonner en chaire, l'esprit du monde n'était qu'aux exagé-
rations de la toilette. Heureuse époque, pour les brodeurs, pour
les orfévres, pour les marchands de drap, de soieries et d'atours !
Les ressources du royaume allaient s'engouffrant dans leurs
comptoirs, jetées à pleines mains par un duc d'Orléans, par un
duc de Berri, par une Isabelle de Bavière. Les bras ne suffisaient
pas pour fabriquer, les vaisseaux pour apporter, les marchands
pour vendre. Tout d'un coup ce grand mouvement cessa. Le roi
des fêtes, le père des plaisirs périt traîtreusement assassiné, et
en même temps que son âme partit de terre, la joie et le bon ton
désertèrent notre pays. La France perdit pour trente ans le
sceptre de la mode. C'est ainsi que la mort du duc d'Orléans,
qui occupe une si grande place dans l'histoire politique, tient à
mon sujet par ses conséquences immédiates. Elle y tient encore
par l'une de ses causes secondaires que personne ne paraît avoir
connue jusqu'ici.

On a donné mille raisons de l'attentat de la rue Barbette : riva-
lité d'amour, courroux de mari offensé, animosité politique. Nul
ne s'est avisé d'y donner part à la vindicte d'un marchand de
modes. Le fait est pourtant certain. L'annaliste de Lucques, qui
écrivait au quinzième siècle, déplore en termes amers la ruine
totale (*il disfaciamento*) de la marchandise et des métiers de sa
république, ruine qu'il fait remonter à la mort du duc d'Orléans ;
et il ajoute qu'un de ses concitoyens se fit le principal instigateur
de ce crime funeste. « Dino Rapondi de Lucques, dit-il, fut celui
dont les conseils décidèrent le duc de Bourgogne, lorsque ce
prince, encore incertain, consulta ses amis. » Froissart, en effet,
parle de ce Dino Rapondi comme d'un familier de la maison de
Bourgogne. Il faisait le commerce des soieries en grand, et pos-
sédait des comptoirs à Montpellier, à Paris, à Bruges. Il paraît
qu'il eut charge de se tenir dans cette ville au moment de l'assas-

sinat pour amortir l'effet de la nouvelle et veiller à ce qu'il n'y eut pas de soulèvement parmi les dix-sept nations de commer·çants qui fréquentaient le marché de Bruges. La mort du duc d'Orléans ne put être qu'une spéculation de la part de ce marchand sanguinaire; car comment croire qu'il y eût donné les mains si sa maison avait dû y perdre? Il aura cédé au dépit de n'avoir pas la pratique du prince le plus dépensier du monde, et voulant faire tort à ses rivaux, il poussa au coup dont fut ruiné son pays et le nôtre.

M. de Mas Latrie, secrétaire de l'Ecole, a été appelé ensuite à lire le morceau suivant sur le style des monuments français existant dans l'île de Chypre.

APERÇU SUR LE STYLE DES MONUMENTS FRANÇAIS EXISTANT DANS L'ÎLE DE CHYPRE.

L'étude des monuments anciens perdrait peut-être son objet le plus instructif si on la limitait à la connaissance des modes d'architecture suivis en différents pays et si on n'y recherchait des notions utiles à l'histoire même des peuples qui les ont élevés. Nous admirons surtout le pont du Gard et le Colisée, parce que ces monuments nous rappellent l'établissement de la civilisation dans la Gaule et le triomphe de la discipline romaine sur l'opulence des princes asiatiques. Pour nous et dans les études qui doivent nous occuper ici, l'archéologie doit être avant tout un élément de l'histoire. Ainsi considérée, elle nous servira à apprécier plus complétement l'esprit des temps qui ont élevé nos grands édifices gothiques et qui ont fait les guerres des croisades.

Nous sommes peut-être trop disposés encore à ne voir dans les chefs de ces expéditions que des hommes aventureux qui, après une occupation violente et sans prévoyance, ont abandonné leurs conquêtes n'y laissant que le stérile souvenir de leur courage; ce serait oublier, (pour citer seulement quelques faits secondaires et moins connus que les résultats généraux des croisades), ce serait oublier que les Francs ont laissé en Syrie des monuments qui protégent et décorent encore les villes où ils se sont établis; que la Morée, une autre de leurs colonies, a eu sous les seigneurs champenois un régime militaire plus régulièr que ne l'était celui des duchés de l'Allemagne à la fin du dernier siècle; que la Sicile a eu sous les Angevins une véritable organisation financière, et que le royaume de Chypre a été pendant plus de deux cents ans un état paisible, parfaitement administré, florissant par le commerce, l'industrie et la littérature, sous des princes français, dont l'un, ses contemporains l'attestent, alliait à la valeur militaire la plus éprouvée l'amour de la philosophie, dont un autre a mérité par ses goûts littéraires que l'illustre ami de Pétrarque lui dédiât une de ses œuvres.

En examinant seulement les ruines des monuments nombreux que ces princes ont élevés en Chypre, on peut juger combien la prise de possession avait été complète et combien leur gouvernement fut intelligent. Les hauteurs de l'île étaient occupées par des châteaux forts dont les vestiges sont encore considérables; dans les plaines, les rivières sujettes à des débordements étaient quelquefois endiguées, comme le Kuri près de Limassol; sur les principales, il y avait des ponts en ogive, dont plusieurs existent encore; les ports de mer avaient des quais et des chaussées que les Vénitiens n'ont eu qu'à restaurer au seizième siècle; sur les caps, on trouve les débris de petits forts avancés qui servaient à surveiller la mer et à prévenir la descente des corsaires; dans les villes, les restes innombrables d'églises, de monastères, d'hôtels ou de palais annoncent suffisamment la richesse et la sécurité qu'il dut y avoir dans la petite royauté des Lusignans.

Nous ne pouvons nous arrêter davantage à ces considérations, et nous devons venir à l'objet du court Mémoire, purement archéologique, où nous essayerons de réunir les traits généraux de l'architecture que les Français ont suivie dans leurs constructions en Chypre.

Le caractère distinctif de ces monuments est la forme ogivale de toutes les baies, l'élévation des voûtes et l'élancement des piliers : c'est, comme l'on voit, une véritable architecture gothique, légèrement modifiée en quelques circonstances que nous indique-

rons. Telle est Sainte-Sophie-de-Nicosie , ancienne église métro-
politaine de l'île, aujourd'hui sa mosquée principale, grand édi-
fice à trois nefs, du style et du temps de la Sainte-Chapelle de
Paris, et qui n'a rien de commun que son vocable avec Sainte-
Sophie de Constantinople. N'empruntant rien au goût byzantin,
ni les formes en croix carrée, ni les coupoles, ni les mosaïques,
ni les ornements à perles, Sainte-Sophie comme les autres monuments francs de l'île est bâtie en entier dans le style ogival ou
gothique. Les raisons qui avaient déterminé les premiers Lusignans à donner à leurs monnaies l'aspect des espèces de l'empire de Constantinople, pour les accréditer plus facilement au
milieu de populations grecques nouvellement soumises à leur
autorité, ces raisons ne pouvaient influer en aucune [manière
sur la forme ou la décoration des édifices qui s'élevaient sous leur
règne. Et, en effet, nous voyons Hugues et Henri Ier de Lusi-
gnan commencer Sainte-Sophie-de-Nicosie, église pure de toute
influence byzantine, en même temps que ces princes imitent les
coins impériaux sur leurs monnaies. Mais avant le milieu du
treizième siècle, quand ils rompent politiquement avec les empe-
reurs de Constantinople, les nouveaux maîtres de Chypre répu-
dient ces légers emprunts nécessités par les circonstances, et
dès cette époque le style franc se retrouve exclusivement sur
leurs monnaies, avec les caractères qu'il avait toujours eus dans
leurs costumes, leurs tombeaux et leurs églises.

Comme en France, les archivoltes des portails des églises
chypriotes sont formées d'archivoltes secondaires en retraite. Des
roses ou des fenêtres composées s'ouvrent au-dessus des portails ;
l'intérieur, long vaisseau latin, est divisé en plusieurs nefs par des
colonnes, quelquefois par des piliers d'où partent, en divergeant,
les nervures de la voûte ; le chevet est toujours dirigé vers l'O-
rient, mais je n'ai point remarqué que l'axe en fut incliné sur
celui de la nef ; comme en France, les travées et l'abside sont
percées de fenêtres géminées et étroites ; comme en France enfin
du treizième au quinzième siècle, l'ornementation des baies, des
archivoltes et des tympans est formée de diverses combinaisons
du cercle toujours en lobes, d'arcatures inscrites dans une baie

supérieure, simulée ou à jour, de feuilles ou de fleurs isolées et en plein relief sur la pierre.

Au milieu de cette similitude presque complète de formes et de décorations, il y a plusieurs différences notables qui donnent à ce qu'on pourrait appeler le style franc-chypriote une physionomie particulière. La première, celle qui frappe d'abord, c'est la forme extérieure du monument qui diffère par son apparence de celle de nos églises du moyen âge. On ne louera jamais trop le style ogival comme système d'architecture religieuse, mais n'y a-t-il pas cependant quelque chose de disgracieux dans les toits aigus et les pignons à auvents qui écrasent ou qui masquent leurs statues et leurs flèches à jour. Qu'on se représente cette ornementation se dessinant en entier dans l'air, comme à la cathédrale de Milan, au lieu de s'effacer sur la teinte grise d'un toit escarpé, et l'on verra quelle différence d'effet on obtiendra. Dans aucun des monuments de Chypre n'existent ces pyramides d'ardoises, exigées par nos climats pluvieux ; ils se terminent tous en terrasses horizontales, ménagées sur les bas-côtés, sur la nef et sur les tours, ce qui leur donne de loin quelque chose d'une construction antique. L'absence de combles élevés n'y produit pas cependant le même aspect qu'à la métropole lombarde, parce que leurs couronnements manquent des statuettes et des clochetons à jour que le gothique italien n'a pas abandonnés. En Chypre, tout le bas de l'église conserve bien les formes sveltes et la tendance ascendante de l'architecture gothique dans le rétrécissement des fenêtres, des travées, des tours et des contreforts, mais il semble que les terrasses y viennent arrêter trop brusquement la direction verticale des lignes, qui est le principe essentiel de l'art gothique. Il eût fallu, ce semble, au-dessus de leurs combles, les grands fleurons, les statues ou les clochetons découpés qui continuent la disposition aérienne de la construction gothique. On dirait que les architectes chypriotes ont été détournés de suivre exclusivement ce style par l'influence que put exercer sur eux la comparaison des monuments antiques qu'ils avaient en Orient.

C'est à la vue, peut-être à l'étude de ces modèles et aux usages perpétués depuis les temps les plus reculés jusqu'à nos jours, dans les constructions particulières d'Orient, où toutes les maisons sont terminées par des terrasses (1), qu'on doit attribuer l'absence des toits aigus dans le gothique de Chypre. Les chapiteaux à volutes et à feuilles d'eau que j'ai remarqués à Sainte-Sophie de Nicosie, à Saint-Nicolas de Famagouste, à Cérines et à Lapaïs, paraissent encore une inspiration du goût antique, comme les fûts, en général lisses et droits, comme les frises et les ornements en oves que l'on trouve souvent aux faîtages des tours. Les bases des colonnes attestent aussi une imitation classique : elles sont toujours formées de tores, de gorges, de réglets et de plinthes ; elles n'ont jamais ou presque jamais les pattes ou les becs d'oiseaux et les masques des bases gothiques de France. Un caractère à remarquer encore, c'est que les anciennes formes de la basilique latine, modèle évident de la cathédrale gothique, quant à la disposition intérieure, paraissent avoir persisté plus longtemps en Syrie et en Chypre que dans la France septentrionale, bien que les principes architectoniques de ce pays aient été suivis en Chypre de préférence à ceux des provinces méridionales. Ainsi, dans aucune église de l'île je n'ai vu trace de jubé, qui était peut-être remplacé, suivant l'usage primitif, par un ambon construit entre deux colonnes ; la plupart de ces églises sont terminées en hémicycles ; elles sont presque toujours précédées d'un porche, comme Sainte-Sophie, Saint-Nicolas de Nicosie, l'Emerghié, Arab Achmet, l'église du Sérail, Lapaïs, etc.; enfin, dans aucune on ne trouve de chapelles remontant à la fondation

---

(1) La Bible est pleine d'allusions qui ont trait à l'usage de terminer les habitations par des toits plats : Moab indigné se retire au haut de sa maison : *Super tecta ejus, ululatus descendit.* Isaïe, X, 3, 3; Josias renverse les autels élevés aux faux dieux sur les terrasses de la maison d'Achaz, IV, Reg. XXIII, 12. Les usages anciens ont presque tous persisté en Orient; le pauvre, qui ne peut daller ses toits avec de la pierre ou du bitume, les recouvre d'une couche de terre où l'herbe croît toujours ; ce qui a fourni cette figure au Psalmiste : *Fiant sicut fœnum tectorum, quod priusquam evellatur exaruit.* Ps. 128, 6. *Se retirer au coin du toit* est une image familière aux écrivains sacrés pour exprimer la tristesse et la solitude.

première. En France, au contraire, dès le treizième siècle, on voyait beaucoup d'absides polygonales ; les porches étaient presque inusités, et les chapelles tellement multipliées, qu'on a peine aujourd'hui à reconnaître dans leurs développements, le plan simple et imposant de la basilique latine.

Les règles ou les traditions du véritable système gothique se maintinrent en Chypre presque sans altération , non-seulement dans les églises du quatorzième siècle , mais aussi dans les constructions du quinzième, si différentes en Europe des œuvres du treizième siècle par l'abus capricieux de leurs sculptures et les irrégularités de leur disposition intérieure.

L'ornementation se développe et s'enrichit à mesure qu'on s'éloigne du type de Sainte-Sophie, le plus ancien monument ogival à date certaine que j'aie vu en Chypre ; mais elle reste toujours soumise à la symétrie et au bon goût. L'art chypriote emploie dans ses embellissements, comme l'art gothique d'Europe, les roses, les fleurons, les oves, les pampres, les feuilles de choux, le lierre, les chevrons , les méandres, etc. Il y ajoute des motifs empruntés à la Flore ou à la Pomone du pays, tels que des anémones sauvages, des feuilles de colocases, des branches de palmiers et de caroubiers, des pommes de pin, des grenades et des oranges ; au règne animal, il prend pour orner ses cheneaux et quelquefois ses frises : le lion, le lévrier, le caméléon et les kourkouta ou locustes, si funestes à l'agriculture de l'île ; rarement il admet des représentations humaines, et quand il emploie cet ornement, c'est toujours l'homme dans ses formes nobles et naturelles ou des têtes d'anges ailées ; jamais il ne charge ses constructions des serpents symboliques, des feuilles bordées de perles, ni des galons brodés des Byzantins , encore moins admet-il les figures bizarres et les mascarons hideux si chers aux tailleurs de pierre de France ; et il est douteux qu'il en fût jamais venu , lors même que les révolutions eussent permis son développement complet, à ces satires licencieuses que l'on sculptait dès le quatorzième siècle jusque sur le portail de nos cathédrales de France. Faut-il attribuer ces faits à de simples circonstances accidentelles ? Ne pourrait-on voir dans cette direction plus sage des ar-

chitectes francs-chypriotes la conséquence de la condition particulière qu'a eue le clergé des Lusignans, condition élevée et très-
honorée, mais complétement étrangère aux choses politiques ; par
cela même s'occupant davantage des intérêts religieux de ses
fidèles et donnant moins de prise à la médisance ?

L'art chypriote semble avoir suivi des principes sévères qui
n'excluaient pas les ornements et l'élégance, mais qui n'aimaient
pas les décorations tourmentées ou fantastiques. Bien qu'il ait
laissé quelques monuments du quinzième siècle, on voit qu'il n'est
tombé jamais dans les excès du gothique, déjà sensibles en Europe au siècle précédent ; par contre, il n'a pas les qualités de
ces défauts, c'est-à-dire la hardiesse et l'élancement des constructions, l'abondance et la variété des sculptures. Toute son ornementation se concentre aux portes, aux fenêtres et aux archivoltes ; il n'a ni les légions de saints qui peuplent les niches de
nos églises, ni les clefs de voûte pendantes comme des stalactites,
si communes en Europe. Ses murs et ses faîtages restent lisses
ou n'ont que de rares moulures ; et dans l'ensemble de ses œuvres, ce qui frappe l'observateur, ce n'est pas, comme en Occi-
dent, l'élévation et la légèreté des bâtiments, la délicatesse et la
multiplicité des sculptures, mais les proportions régulières des
parties, la symétrie, la pureté et la bonne exécution des ornements. Néanmoins, c'est toujours l'ogive élancée, le gothique du
nord de la France qui règne exclusivement dans ses constructions,
et c'est un caractère qui le distingue du gothique de Syrie, du
moins de celui que j'ai vu dans les monuments francs, depuis
Beyrouth jusqu'à Jérusalem, où domine l'arcade large et arrondie
du midi de la France.

Le gothique chypriote ne manque pas de richesse ; ses architectes
semblent avoir employé le marbre en grand plus fréquemment
que ceux de France : les trois portails intérieurs de Sainte-Sophie
de Nicosie sont en marbre blanc, les colonnes du pourtour du
chœur sont en granit ; le portail de Sainte-Catherine est en marbre. Le couvent de Lapaïs, les églises de Katholiki à Limassol,
de Saint-Nicolas à Famagouste, de Vassili dans la Messorée, ont
aussi des frises, des linteaux et des colonnes de marbre ; près de

Yéni-Djami, la Mosquée-Neuve, à Nicosie, j'ai vu des ruines considérables d'une église gothique dont les frises, les voussoirs et les archivoltes étaient en beau marbre blanc, couvert de sculptures.

La qualité de la pierre ne répond pas toujours, il est vrai, à ce luxe de construction. Il est des parties de Sainte-Sophie, de Saint-Nicolas, de Lapaïs et de Saint-Hilarion, château royal au nord-ouest de Nicosie, où l'on a employé une sorte de lambourde que le temps a déjà profondément rongée et qu'on prendrait pour une pierre ponce. Je n'ai pas vu qu'on se soit servi de la brique dans les églises ; mais j'ai retrouvé ces matériaux dans quelques cintres des châteaux. Les architectes francs de l'île de Chypre ont construit tous leurs monuments, militaires ou religieux, dans l'appareil moyen régulier ; et leur science de la taille des pierres paraît n'avoir craint aucune difficulté. On remarque au sommet des rochers de Saint-Hilarion et de Kantara des combinaisons de corridors et d'escaliers voûtés, qui ont nécessité de vrais chefs-d'œuvre de stéréotomie.

Dans aucun de ces édifices, pas plus que dans les édifices gothiques-chrétiens de Syrie, je n'ai vu la peinture employée à l'ornementation de l'architecture. Je ne parle pas des fresques ou des sujets hagiographiques dont l'intérieur de Sainte-Sophie de Nicosie était autrefois couvert, dont les vieilles chapelles franques, de Saint-Hilarion et de Lapaïs en Chypre, de Jérémie et de Bethléem en Syrie, conservent encore des traces nombreuses ; mais de la simple alternance de couleurs appliquée en larges bandes sur les assises des façades ou sur les claveaux des cintres, comme à Saint-Laurent de Gênes, à Saint-Gilles en Languedoc, à Maguelonne et dans quelques autres églises du midi de l'Europe. Ce système de badigeonnage polychrôme a été emprunté par les Francs aux Arabes ; on en voit l'application générale aux plus anciennes mosquées de Damas et du Caire, comme aux maisons les plus récentes de ces villes. On aurait donc pu croire qu'il avait été adopté par les architectes de nos royaumes d'Orient et que les monuments édifiés par eux en ces pays avaient dû recevoir cette décoration tout orientale. Mais il n'en est rien ; je n'ai vu nulle part, ni en Syrie, ni en Chypre, sur aucun monument chrétien du moyen âge, la moindre trace de coloriage extérieur ; et il est impossible d'admettre que partout et complétement l'ancienne peinture, si elle eût existé, eût disparu, sous une atmosphère aussi pure. Le temps seul a recouvert ces vieilles pierres de la belle teinte jaune que l'on retrouve sur les monuments de l'Egypte, de la Grèce et de la Sicile. Il semble déjà qu'à Constantinople et dans le haut de l'Italie cette brillante nuance d'or se charge un peu du gris septentrional, qui noircit nos monuments de France dans un demi-siècle.

Je ne dis qu'un mot des églises grecques de l'île de Chypre. Toutes celles que j'ai visitées se rattachent à deux systèmes différents : ou elles conservent les formes anciennes des basiliques byzantines, c'est-à-dire la croix grecque et les coupoles sur pendentifs comme Sainte-Sophie de Constantinople et Saint-Marc de Venise ; ou elles ont la nef et les voûtes en ogive des Latins. J'ai vu quelques églises du premier modèle à Nicosie, à Hieroskipos près de Paphos, à Jaillïa sur le golfe de Chrysochou ; il en existe du second dans tous les districts et presque dans tous les villages de l'île. Le plan de ces dernières églises est une longue nef peu élevée, sans transsepts et terminée en hémicycle à fenêtres ; l'iconostase ferme l'abside ; quelquefois, par une disposition gênante, il sépare la nef en deux dans sa longueur. A l'extérieur du monument apparaît seulement une voûte en berceau ayant des deux côtés d'étroits parapets, et au levant un chevet à toit conique, plus rarement en terrasse. Tels sont les couvents de Saint-Georges, près Larnaca, les églises de Phanéroméni, de Tripiotissa, de Palingnotissa, de Bibi, de Palourghiotissa, d'Omoloitades, d'Haïa-Paraskevi, à Nicosie ou dans les environs, de Saint-Mama à Morpho, d'Haïos Panteleïmon dans le Kyrinia, et en général toutes les églises de la Messorée, du Karpas et de l'Ouest de l'île. Je ne crois pas qu'il faille voir dans ces édifices d'anciennes églises latines, appropriées au culte grec depuis la conquête musulmane. Je pense que la plupart ont été élevées par les Grecs eux-mêmes et du temps des Français. Nous en avons la preuve dans les églises de Phanéroméni, de Saint-Mama et de Bibi appartenant aux Grecs sous la domination des Lusignans et construites pourtant dans le système de l'ogive. Ce système est devenu peu à peu le style habituel des architectes chypriotes. On a élevé depuis peu une église grecque à Limassol, elle est en ogive; on répare le beau couvent de Saint-Mamas de Morpho, et l'on suit, non par fidélité mais par habitude, l'ancien style des arcades aiguës; j'ai vu plusieurs maisons récemment bâties à Larnaca et à Nicosie, toutes leurs baies sont en ogive. Cet emploi de l'arc brisé dans les constructions de Chypre est-il dû au long séjour des Francs dans l'île? je le croirai. Mais les Francs n'avaient-ils pas eux-mêmes et précédemment emprunté l'ogive à l'Orient? je n'ose donner mon avis dans une discussion qui partage encore nos plus habiles archéologues; mais je dois dire que j'ai étudiée la question dans mes voyages, sans idée préconçue, et que la solution satisfaisante m'a paru se trouver seulement dans l'opinion ingénieuse du savant académicien, auteur de la *Lettre sur l'origine (orientale) de l'ogive.*

Je termine par une observation que suggère le nombre considérable de monuments français existant encore en Chypre. La plupart et les plus beaux de ces édifices, à l'exception de Sainte-Sophie, portent les caractères de constructions du quatorzième siècle; et cette observation répond entièrement aux témoignages écrits qui attestent tous la prospérité de la principauté des Lusignans à cette époque. L'archéologie est ici un précieux auxiliaire de l'histoire, car, en voyant les ruines de grands monuments élevés dans un pays dans une certaine période, on peut affirmer d'après cette seule considération que le pays était alors calme, riche et florissant. Les monuments du quinzième siècle sont, au contraire, très-rares dans l'île. On ne pouvait attendre, en effet, des règnes malheureux de Janus et de Jacques le Bâtard des monuments semblables à ceux que virent élever Hugues IV ou Pierre Ier, au temps où l'île de Chypre avait des bourgeois assez riches pour bâtir des églises avec une partie des bénéfices d'un seul voyage maritime et une chevalerie assez forte pour imposer des tributs aux princes turcs de l'Asie-Mineure et enlever Alexandrie aux sultans d'Egypte.

M. le Ministre de l'Instruction publique a terminé la séance par le discours suivant :

« Messieurs,

« C'est un jour heureux dans une vie publique, que celui où il est donné d'assurer les destinées d'une institution nationale et utile, de perpétuer des travaux également importants pour les progrès de la science et pour la gloire du pays, de présider enfin à une solennité qui inaugure, pour la partie studieuse de la jeunesse française, pour nos corps savants les plus illustres et pour l'étude des annales de la France, un nouvel avenir.

« L'Ecole des chartes, pensée heureuse et française de la Restauration, était restée un dessein généreux plus qu'une véritable institution. Elle n'avait point de foyers, point de cours publics, point d'enseignement complet et dignement rétribué. Les élèves n'avaient point de perspective certaine. On ne peut assez admirer qu'avec cette organisation insuffisante, elle ait produit tout ce que la France lui a dû d'hommes éminents et de travaux utiles.

« Tout ce qui lui manqua jusqu'à ce jour, elle le possède désormais. A dater de ce moment, elle a un *chez soi* digne d'elle; elle est l'annexe et non la dépendance de ce vaste établissement où reposent, rassemblés pour être étudiés, mis en lumière, livrés à toutes les investigations de la critique et de l'histoire, les monuments écrits des plus vieux siècles de la monarchie. Son professorat s'est agrandi et constitué; son enseignement s'étendra à toutes les branches de la paléographie et de la diplomatique. Le public studieux pourra profiter tout entier de ses leçons; et le jeune auditoire qui vient demander des grades à cette Faculté nouvelle, y trouvera la certitude d'un appui constant de l'Etat à tous les degrés de la carrière.

« J'énumère, Messieurs, avec complaisance ces heureux résultats, pour en reporter l'honneur à tous ceux qui ont été mes collaborateurs et mes devanciers dans la tâche d'asseoir l'Ecole des chartes sur de plus solides fondements. Le gouvernement du Roi a rencontré une assistance généreuse et empressée dans les grands pouvoirs de l'Etat. Car c'est une vertu de nos institutions que, si quelquefois le bien y coûte plus d'efforts, et ne s'y réalise que plus éprouvé, ayant été plus combattu, il s'y accomplit aussi toujours plus sûrement et plus complétement que partout ailleurs. Mais, Messieurs, je ne remplirais pas tout mon devoir, et ne répondrais pas à toute votre pensée, si je renfermais ma reconnaissance et la vôtre dans cet hommage général aux pouvoirs qui représentent si dignement les intérêts et l'esprit de la France. Ministre, j'aime à constater dans cette solennité publique ce dont l'institution est redevable à la ferme et persévérante initiative, au concours loyal et habile d'esprits élevés de l'opposition. Il est des noms qui seront toujours prononcés avec reconnaissance dans cette enceinte (1). Il convenait à cette cause de l'étude laborieuse des annales de la patrie de réunir dans un même effort tous les amis des progrès du pays et de sa gloire.

« En effet, Messieurs, dans l'état actuel de la société, avec le courant qui entraîne les esprits à la poursuite des résultats prompts et productifs, il y avait péril que les travaux superficiels ne fissent négliger de plus en plus les recherches patientes, les connaissances qui sont indispensables à l'histoire. A l'Académie des inscriptions et belles-lettres, qui reste au milieu de nous comme un débris et un monument de l'ancien régime des études, il fallait des collaborateurs, des émules, des continuateurs. Il fallait des héritiers à ces bénédictins si célèbres dont ce palais, il y a quelques années encore, conservait un survivancier illustre. Un temps où tout le monde écrit était exposé à parler de tout et à beaucoup ignorer, si un corps de scrutateurs dévoués du passé n'était constitué au milieu de nous.

---

(1) L'honorable M. Taillandier et l'honorable M. Ferdinand de Lasteyrie, d'accord en cela avec l'honorable M. de Golbery.

« Il importe donc plus que jamais que l'esprit français se replie sur lui-même, qu'il scrute les origines, qu'il associe aux généalogies de races et de familles, qui ne sont souvent qu'un intérêt privé, les généalogies d'idées, d'institutions, de classes, qui sont un intérêt public. Telle sera l'histoire du Tiers Etat qu'accomplit, avec les matériaux que les élèves de l'Ecole des chartes rassemblent sous sa main, comme autant de bénédictins savants et dévoués, cet homme à qui la vue, l'action, la force et presque la vie ont été reprises, qui n'a de vivant que la pensée, et qui, paralytique, aveugle, impuissant, bâtit des monuments immortels à sa gloire et à la gloire de son pays ! Voilà le plus admirable modèle de ce que peut être le travail moderne ; voilà l'exemple que nous devons nous proposer pour comprendre comment notre époque de renouvellement général se concilie avec une étude approfondie des temps qui ne sont plus, des institutions, des idiomes, des idées qui ne doivent pas revivre.

« Dernièrement, dans les champs de l'Afrique, au milieu de cet empire tout français et tout moderne que fondent nos soldats, je m'arrêtais avec émotion et respect pour contempler les débris d'une autre civilisation et d'un autre empire qui se trouvent partout, comme une première assise enfouie aux pieds de nos établissements. Il en est ainsi de nos annales : parmi nous tout est nouveau ; mais tout se rattache et s'appuie à ce passé qui a péri. Il n'y a pas une de nos libertés, pas une de nos maximes, pas un de nos pouvoirs que la chaîne des temps, studieusement ressaisie, ne pût relier, d'anneau en anneau, au berceau de notre histoire. Notre charte toute-puissante, qui est la loi de tous les Français du Rhin aux Pyrénées, n'est que le résumé définitif et souverain de toutes ces chartes des communes dans lesquelles s'essayait, bien des siècles à l'avance, le nouveau droit public de la France et du monde.

« La France nouvelle n'a que des raisons d'aimer son histoire. Il est peu d'annales dont un grand peuple puisse être plus fier. Car, avec toutes les différences de temps et de régime, notre nation a toujours été marquée de ce sceau à part qui l'a distinguée dans les derniers temps. A toutes les époques, depuis ce baptême de Clovis où s'accomplit le mariage des races et des mœurs qui a constitué la France, on la voit marcher en avant du monde, exercer l'influence et ne point la subir, influence toujours généreuse, libérale, civilisatrice. A toutes les époques aussi, on la voit animée de cet esprit de nationalité puissante qui résiste également et à tous les déchirements et à tous les revers : étrange succession d'agrandissements et de catastrophes incomparables, qui la conduisent, à plusieurs reprises, du royaume de Paris à l'empire de Charlemagne, pour briser toujours le lendemain cet immense empire, mais aussi pour laisser toujours subsister, à travers ses fortunes contraires, la fortune immortelle de notre génie et son ascendant !

« Messieurs, l'un des services que rendra l'Ecole des chartes, et qu'elle a rendu déjà, c'est d'entretenir la connaissance et le respect de cette belle histoire ; c'est de faire aimer, à des temps nouveaux, un passé qui fut glorieux ; c'est d'attacher les esprits aux institutions présentes par la recherche de tout ce qu'il a fallu d'efforts et de combats, pour les conquérir ; mais c'est aussi d'imprimer une direction sérieuse à l'esprit français parmi tant d'entraînements contraires, de propager le goût des études austères, la connaissance des vieux monuments, l'application à conserver religieusement leurs rares débris.

« Il est remarquable qu'on n'a jamais tant restauré que depuis la révolution populaire de 1830. Je ne crains pas de dire que cet esprit de conservation, malheureusement trop tardif, est l'un des résultats que l'institution de l'Ecole des chartes a produits par les travaux érudits qu'elle a publiés, par les exemples utiles qu'elle a donnés, par la polémique courageuse qu'elle a engagée. Encore si récente, et jusqu'à ce jour si incomplète, elle a déjà rendu ces deux grands services, d'éclairer d'une foule de lumières nouvelles notre histoire, et d'en sauver de toutes parts les monuments.

« Messieurs, dire les services qu'elle a rendus, c'est témoigner de sa reconnaissance et de celle de tout le public savant pour les maîtres dévoués qui l'ont formée. A leur tête, j'aime à compter le vénérable président (1) de la commission qui a veillé avec tant de zèle et de science sur les destinées de l'école. Pour l'école nouvelle, je m'applaudis de ce que les années ont ajouté à son expérience et à son autorité, sans rien retrancher à son dévouement ni à ses forces. Comme la commission tout entière, sous son nom nouveau et avec des formes nouvelles, il continuera sa tâche bienveillante et tutélaire Le conseil de perfectionnement trouvera maintenant l'appui d'une direction distincte et permanente. Cette direction est placée dans des mains fermes et habiles, sous la garantie d'un nom illustre, et j'ose dire, car les choix ont été faits par la voix publique, que jamais chef plus éminent et plus respecté (2) n'aura trouvé le concours de maîtres plus éprouvés déjà ou d'auxiliaires mieux préparés pour marcher sur de telles traces.

« L'Ecole des chartes recommence donc sa carrière sous les auspices les plus favorables. Le public français se réjouit de voir se constituer cette pépinière de gardiens dévoués et fidèles du trésor de nos annales. Les chambres entourent cette restauration de leur patriotique et libérale sollicitude. Le Roi, qui pour remplir le palais désert de Versailles, pour succéder à Louis XIV dans ses galeries immenses, a imaginé d'y loger notre histoire même, d'y évoquer tous nos grands souvenirs et tous nos grands hommes; le Roi enfin, qui a écrit sur le frontispice du Versailles nouveau : *A toutes les gloires de la France !* devait considérer l'Ecole des chartes comme l'une des institutions nécessaires à

____

(1) M. Pardessus.
(2) M. Letronne.

la gloire de son règne. Sa Majesté a cru ne pouvoir mieux marquer sa royale bienveillance qu'en consacrant cette inauguration publique par les témoignages de sa justice et de sa bonté pour les services qui sont à la fois l'honneur de l'ancienne école et l'espoir de la nouvelle. Le Roi a nommé M. Guessard et M. Jules Quicherat, chevaliers de la Légion d'honneur, et M. Guerard, de l'Académie des inscriptions et belles-lettres, officier de la Légion d'honneur.

« Elèves de l'Ecole des chartes, c'est à vous que s'adresse cette haute manifestation de ia sollicitude royale pour les patients travaux, pour le dévouement quotidien aux intérêts de la science, pour les services rendus aux lettres érudites. La carrière où vous entrez est austère; elle ne conduit jamais à la fortune, et ne conduit à la gloire que par des sentiers rudes, longs, où ne se rencontrent ni le bruit ni l'éclat. C'est pour cela que l'Etat ouvre ce palais à votre vocation, que votre pays vous entoure, au départ, de tous ses vœux. C'est pour cela que le Roi fait luire à vos yeux ces distinctions qui vous apprennent que vous ne servez pas un temps ingrat, que vous ne choisissez pas une carrière stérile, que vous êtes venus sous un prince et, ce qui vaut mieux encore, sous des institutions qui promettent appui à tous les travaux et récompense à tous ses dévouements. »

ORDONNANCE DU ROI

PORTANT RÉORGANISATION

DE L'ÉCOLE ROYALE DES CHARTES.

———

A tous présents et à venir salut :

Sur le rapport de nos Ministres secrétaires d'Etat aux départements de l'instruction publique et de l'intérieur ;

Vu les ordonnances des 22 février 1821, 16 juillet 1823 et 11 novembre 1829, sur la constitution et le régime de l'Ecole des chartes ;

Vu les dispositions de la loi de finances, en date du 3 juillet 1846, concernant cette Ecole ;

Nous avons ordonné et ordonnons ce qui suit :

TITRE Ier.

RÉGIME ET ORGANISATION DE L'ÉCOLE DES CHARTES.

Art. 1er.

L'Ecole royale des chartes est établie au palais des archives du royaume ; elle y a, par les soins du garde général des archives et sous sa surveillance, des locaux distincts et indépendants, comprenant :

Une salle des cours et examens publics,

Une salle des études et répétitions intérieures ;

Une salle des séances du conseil de surveillance et de perfectionnement.

4

Art. 2.

L'Ecole des chartes possède une bibliothèque spéciale et les collections nécessaires aux études pour lesquelles elle est instituée. Cette bibliothèque et ces collections lui appartiennent en propre ; elles la suivraient partout où elle serait transférée.

Un fonds pour acquisition et entretien de livres, autographies, chartes et autres documents, sera porté au budget de l'Ecole.

Art. 3.

L'Ecole des chartes reçoit, dans les formes voulues pour les autres établissements publics, les livres, médailles, collections, monuments écrits ou figurés de toute nature, et les immeubles, rentes ou deniers qui peuvent lui être donnés ou légués, ainsi que toutes les fondations conformes à l'esprit et au but de l'institution.

Art. 4.

L'Ecole est placée sous l'autorité d'un directeur nommé par notre Ministre secrétaire d'Etat au département de l'instruction publique, et sous la surveillance du conseil de perfectionnement régi par les dispositions de l'article 5 et suivants.

Peuvent être revêtus des fonctions de directeur :

Le garde général des archives ;

Les membres du conseil de perfectionnement ;

Les professeurs titulaires de l'Ecole.

Le directeur est chargé d'assurer l'ordre des cours publics et celui des répétitions intérieures, s'il y a lieu, soit par lui-même, soit par le répétiteur général placé sous son autorité. Il arrête toutes les dépenses et porte à l'ordre du jour du conseil toutes les questions sur lesquelles il doit statuer. Il publie seul et signe tous les programmes, avis et arrêtés quelconques. Il vise et contre-signe tous les certificats et diplômes. Il a seul la signature et la correspondance pour le service de l'Ecole. Il correspond avec notre Ministre secrétaire d'Etat au Département de l'instruction publique. Il lui rend compte des événements de l'Ecole et de l'état des études.

Le directeur a sous son autorité un secrétaire de l'Ecole des chartes, qui remplit, en outre, les fonctions de bibliothécaire et de trésorier.

Le secrétaire est chargé, sous la surveillance et l'autorité du directeur, de tenir les catalogues de la bibliothèque et des collections.

Le secrétaire est chargé, sous la même surveillance et la même autorité, de toutes les écritures, de tous les achats et dépenses.

Le secrétaire reçoit un traitement de seize cents francs. Il est pris parmi les anciens élèves de l'Ecole des chartes.

L'Ecole a un appariteur qui reçoit des gages de mille francs.

Art. 5.

La commission instituée par l'ordonnance royale du 11 novembre 1829 prend le titre de Conseil de perfectionnement. Il est chargé de régler les études et de faire les examens. Il s'assemble dans le lieu de ses séances, le 1er de chaque mois, et plus souvent si l'intérêt du service l'exige. Son président correspond directement avec notre Ministre Secrétaire d'État au Département de l'instruction publique. Il lui adresse toutes les observations et propositions d'amélioration ou de réformes.

Art. 6.

Les membres du Conseil sont au nombre de huit. Ils sont choisis parmi les membres de l'Académie des Inscriptions et Belles-Lettres. Le garde général des Archives, le directeur de la Bibliothèque royale et le directeur de l'Ecole en font toujours partie. Les cinq autres membres sont nommés par l'Académie des Inscriptions et Belles-Lettres.

Le président est nommé par notre Ministre Secrétaire d'Etat au Département de l'instruction publique.

TITRE 2.

ENSEIGNEMENT.

Art. 7.

Le cours d'études de l'Ecole des chartes est de trois années. Les cours sont publics et gratuits. Ils commencent le 2 novembre et durent jusqu'au 25 août. L'enseignement est donné par trois professeurs titulaires, trois professeurs auxiliaires ou répétiteurs spéciaux qui portent le titre de répétiteurs, et un répétiteur général qui remplit les fonctions de sous-directeur des études, et en porte le titre.

Le sous-directeur préside aux études, maintient l'ordre et assiste les élèves dans leur travail intérieur, tel qu'il est successivement constitué par les programmes et règlements.

Art. 8.

L'enseignement de l'Ecole des chartes comprend :

La lecture et le déchiffrement des chartes et monuments écrits ;

L'archéologie figurée, embrassant l'histoire de l'art, l'architecture chrétienne, la sigillographie et la numismatique;

L'histoire générale du moyen âge, appliquée particulièrement à la chronologie, à l'art de vérifier l'âge des titres et leur authenticité.

La linguistique appliquée à l'histoire des origines et de la formation de la langue nationale;

La géographie politique de la France au moyen âge ;

La connaissance sommaire des principes du droit canonique et du droit féodal.

Art. 9.

La constitution et la répartition de cet enseignement, les modifications qui peuvent y être introduites, l'ordre des cours, celui des répétitions et des études intérieures, s'il en est institué, sont déterminés par des règlements spéciaux, proposés par le directeur sur la délibération du Conseil de perfectionnement et arrêtés par le Ministre.

Art. 10.

Il y a, au secrétariat de l'Ecole, un registre sur lequel le professeur et le répétiteur s'inscrivent au commencement de chacune de leurs leçons. Extrait de ce registre est envoyé tous les trois mois, par le directeur, à notre Ministre Secrétaire d'Etat.

Art. 11.

Un règlement, proposé par le directeur, délibéré par le Conseil et arrêté par notre Ministre secrétaire d'Etat, détermine l'ordre des cours, celui des répétitions et celui des études intérieures, s'il y a lieu.

Art. 12.

Il y a trois professeurs titulaires. Ils reçoivent un traitement de quatre mille francs.

Ils sont pris parmi les membres de l'Académie des Inscriptions et Belles-lettres et les répétiteurs.

Il y a trois répétiteurs spéciaux. Ils reçoivent un traitement de dix-huit cents francs.

Ils sont pris parmi les anciens élèves de l'Ecole des chartes, ou les lauréats de l'Académie des Inscriptions et Belles-Lettres, dans l'ordre des travaux de l'Ecole des chartes.

Le répétiteur général reçoit un traitement de deux mille francs. Il est pris parmi les anciens élèves de l'Ecole des chartes.

TITRE III.

ÉLÈVES DE L'ÉCOLE DES CHARTES.

Art. 13.

Tout bachelier ès lettres, âgé de moins de vingt-quatre ans, qui s'est présenté six semaines avant la rentrée, pour obtenir le titre d'élève, et a donné au secrétariat, sur ses antécédents, tous les renseignements exigés par le règlement ou les règlements à

intervenir est candidat de plein droit si le Conseil de perfectionnement, à la suite d'un examen qui a pour objet particulier l'histoire nationale, et sur le compte qui lui est rendu des renseignements ci-dessus, le présente au choix du Ministre.

Art. 14.

Les élèves sont nommés par notre Ministre Secrétaire d'Etat au
Département de l'instruction publique ; ils ne peuvent être révo-
qués que par lui, sur le rapport du directeur, le Conseil de perfectionnement entendu.

Art. 15.

Les élèves sont gratuits ou boursiers. Les uns et les autres par-
ticipent également aux études et répétitions intérieures. Ils sont
admis aux mêmes épreuves et acquièrent les mêmes droits. Les
élèves boursiers sont au nombre de huit. Les bourses consistent
dans un traitement de six cents francs chacune.

Art. 16.

La première année se compose des élèves gratuits et de deux
élèves boursiers , lesquels sont les deux candidats admis les premiers par ordre de mérite. Les élèves gratuit concourent entre
eux à la fin de l'année pour une troisième bourse affectée aux
deux dernières années.

Les bourses une fois obtenues ne peuvent se perdre que par
un jugement du Conseil de perfectionnement approuvé par le
Ministre.

TITRE IV.

DES EXAMENS ET DES DIPLÔMES.

Art. 17.

Il est procédé par le Conseil de perfectionnement , assisté des
professeurs titulaires, et, à leur défaut, de répétiteurs en égal
nombre, aux examens de fin d'année auxquels concourent nécessairement tous les élèves, sous peine de perdre leur titre. Les

élèves qui ne se sont pas présentés aux examens ou n'y sont pas déclarés capables de passer aux études de l'année suivante, ne peuvent plus suivre les cours qu'à titre d'auditeurs libres.

Les examens de la troisième année portent sur toutes les matières de l'enseignement. Les élèves déclarés admissibles au service paléographique soutiennent, dans la séance inaugurale de la rentrée suivante, un acte public sur un thème imprimé qu'ils ont choisi. A la suite de cette épreuve sont conférés les diplômes d'archiviste paléographe. Ils sont donnés, en notre nom, par notre Ministre Secrétaire d'Etat au Département de l'instruction publique, et contre-signés par le président du Conseil et par le directeur de l'Ecole.

Art. 18.

Aux diplômes d'archiviste paléographe est attaché le droit à un traitement fixe de six cents francs mis à la disposition de notre Ministre Secrétaire d'Etat au département de l'instruction publique, par la loi de finances du 3 juillet 1846. Ce traitement ne se cumule avec aucune fonction rétribuée dont le traitement lui soit supérieur. Il ne se perd que par le refus d'acceptation des emplois institués pour les archivistes paléographes.

Art. 19.

Le diplôme d'archiviste paléographe donne droit :

Aux fonctions de répétiteurs et professeurs de l'Ecole des chartes ;

A celles d'auxiliaires pour les travaux de l'Académie des Inscriptions et Belles-Lettres;

A celles d'archivistes des départements ;

A celles d'employés dans les bibliothèques publiques du royaume, dans la proportion d'une place sur trois vacances.

Les bibliothécaires ou employés dans les bibliothèques communales doivent être pris soit parmi les anciens élèves de l'Ecole des chartes, soit parmi les employés à la mairie, ayant dix ans de service en cette qualité, les membres de l'Université et les habi-

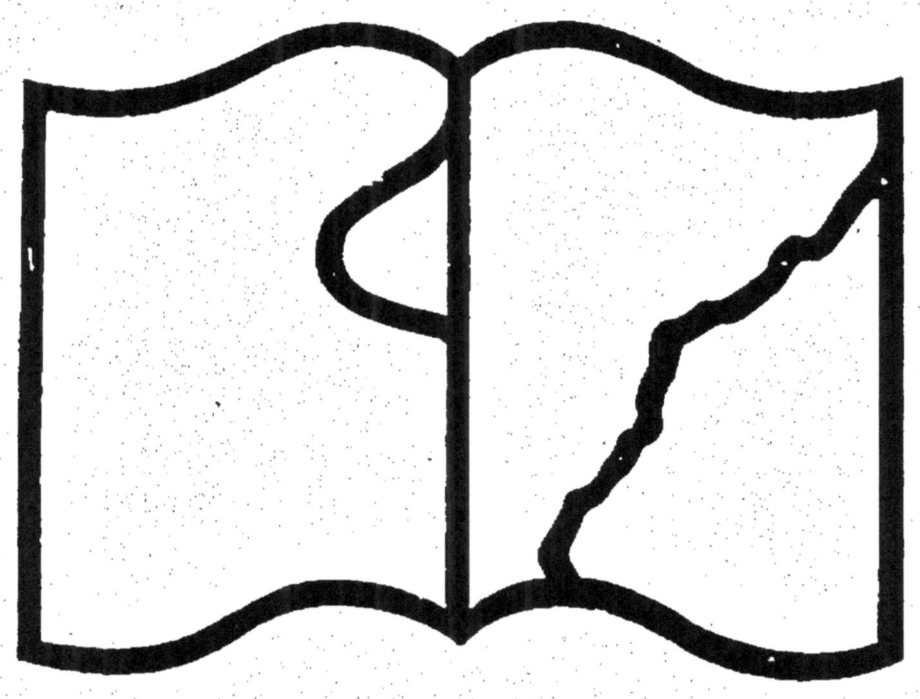

Texte détérioré — reliure défectueuse
NF Z 43-120-11

tants ou originaires de la cité ayant publié des travaux scientifiques ou littéraires.

Les élèves de l'Ecole des chartes sont chargés particulièrement de la publication des documents inédits de l'histoire de France.

Ils jouiront des droits stipulés par les articles 9 et 14 de l'ordonnance royale du 5 janvier 1846 sur le service des archives du royaume.

<h2 style="text-align:center">Art. 20.</h2>

Les ordonnances en date des 22 février 1821, 16 juillet 1823 et 11 novembre 1829, sont et demeurent rapportées.

<h2 style="text-align:center">Art. 21.</h2>

Notre Ministre Secrétaire d'Etat au Département de l'instruction publique et notre Ministre Secrétaire d'Etat au Département de l'intérieur sont chargés, chacun en ce qui le concerne, de l'exécution de la présente ordonnance.

Fait au palais des Tuileries, le 31 décembre 1846.

irlement

Paris, Imprimerie de Paul Dupont.